IBRASA
livros que
constroem

Coleção "Gnose" - 74

volumes publicados

1.As Grandes Religiões — Félicien Challaye
2.As Sociedades Secretas — Herman & Georg Schreiber
3. Fenômenos Ocultos — Zsolt Aradi
4. O Poder da Meditação Transcendental — Anthony Norvell
5. O Poder das Forças Ocultas — Anthony Norvell
6. A Biblia Estava Certa — H. J. Schofeld
7. O Ensino das Mahatmas — Alberto Lyra
8. Mistérios Cósmicos do Universo — Adrian Clark
9. A Evolução Divina da Esfinge ao Cristo — Édouard Schuré
10. Raizes do Oculto A Verdadeira História de Madame H. R. Blavatsky — Henry S. Olcoot
11. O Budismo do Buda — Alexandra David-Nell
12. Diálogos de Confúcio
13. A Sugestão Mental — J. Ochorowicz
14. A Magia e o Diabo no Século XX — Alberto Lyra
15. Catecismo Budista — Henry S. Olcoot
16. Além da Razão O Fenômeno da Sugestão — Jean Lerède
17. Os Grandes Iniciados — Édouard Schuré
18. A Arca da Aliança — Michel Coquel
19. Os Caminhos do Graal — Patrik Riviére
20. Os Mistérios da Rosa-Cruz — Christopher Mcintosh
21. Zoroastro - Religião e Filosofia — Paul du Breuil
22. Qabalah - A Doutrina Secreta dos Judeus numa Perspectiva Ocidental — Alberto Lyra
23. A Alquimia e seus Mistérios — Cherry Gilchrist
24. O Poder da Magia — Israel Regardie
25. Reencamação e Imortalidade — Alexandra David-Nell
26. A Religião Astral dos Pitagóricos — Louis Rougier
27. Tao Te King / I Ching O Caminho do Sábio — Sérgio B. de Brito
28. A Franco-Maçonaria — Robert Ambelain
29. O Mistério de Jesus — Vamberto Morais
30. A Meditação pela Yoga — Vamberto Morais
31. Retomo ao Centro — Bede Griffiths
32. O Pensamento Védico — Carlos Alberto Tinoco
33. A Primeira Comunidade Cristã e a Religião do Futuro — Vamberto Morais
34. Psicologia Oriental Os Sete Raios — Padma Patra
35. Tarô Esotérico O Livro de Toth — Julio Peradjordi
36. O Sobrenatural Através dos Tempos Marc — André R. Keppe
37. Os Cátaros e o Catarismo — Luciene Julien
38. Santa Verônica e o Sudário — Ewa Kurytuk
39. O Sentido da Vida — Vamberto Morais
40. O Povo do Segredo — Ernst Scott
41. Meditação ao Alcance de Todos — Henepoia Gunarátana
43. A Deusa da Compaixão e do Amor — John Blofeld
44. A Religião do Terceiro Milênio — Vamberto Morais
45. O Poder do Som — Padma Patra
46. Tratado da Pedra Filosofal de Lambsprinch — Arysio N. Santos
47. O Ocultismo Sem Mistérios — Lorena de Manthéia
48. As Upanishads — Cartos Alberto Tinoco
49. Parábolas para Nosso Tempo — Vamberto Morais
50. Pense Grande — Saly Mamede
51. Misticismo à Luz da Ciência — Newton Milhomens
52. Videntes de Cristo
53. Histórias da Biblia Velho Testamento
54. Histórias da Biblia Novo Testamento — Archer W. Smith
55. MT - O Despertar para o Conhecimento — Marilia de Campos
56. Manual do Místico
57. Yoga - Repensando a Tradição — Acharya Kalyams
58. Sociedade Secreta de Jesus — Romero da C. Machado
59. Khisnamurti, Kardec. O Homem — Durval Zanini
60. Pergunte a seus Sonhos — Rosa de Souza
61. Tarô Carbônico — Adriano C. Monteiro
62. Evolução - A Jornada do Espírito — Paulo G. Almeida
63. Aprendiz de Feiticeiro — André Pércía
64. Testículos Habet, Et Bene Pendentes – A Verdadeira História da Humanidade e Suas Possibilidades — Rosa de Souza
65. Vida e Morte, Verso e Re Verso — Adelaide Petters Lessa
66. A Ciência Sagrada dos Números — Tuball Kaha
67. O Ocultismo e Religião — Mateus S. de Azevedo
68. Energia Quântica X Motivacional — Angela Wilgess
69. As Vias do Yoga — Cartos Alberto Tinoco
70. As Upanishads do Yoga II — Cartos Alberto Tinoco
71. Chandogya Upanishad — Cartos Alberto Tinoco
72. Os seres Espirituais Em diferentes Culturas — Cartos Alberto Tinoco
73. A Reencarnação Em Diferentes Culturas — Cartos Alberto Tinoco

ESPIRITISMO MEDIUNISMO E YOGA
UM ESTUDO COMPARATIVO

Carlos Alberto Tinoco

Tinoco, Carlos Alberto

T591e
2024

Espiritismo mediunismo e yoga: um estudo comparativo / Carlos Alberto Tinoco. – 1. ed. – São Paulo: IBRASA, 2024.
174 p. : il. ; 23 cm. – (Coleção Gnose; 74).

Inclui referências.
ISBN 978-85-348-0393-9

1. Espiritismo. 2. Mediunidade. 3. Ioga. I. Título.

CDD – 133.9

Catalogação na fonte elaborada por: Josefina A. S. Guedes - Bibliotecária CRB 9/870

ESPIRITISMO MEDIUNISMO E YOGA:
UM ESTUDO COMPARATIVO

Carlos Alberto Tinoco

São Paulo | 2024

IBRASA - Instituição Brasileira de Difusão Cultural Ltda.
São Paulo / SP

Direitos desta edição reservados à

IBRASA
Instituição Brasileira de Difusão Cultural Ltda.
e-mail: ibrasa@ibrasa.com.br
home page: www.ibrasa.com.br

Produção Editorial:
Cristina Fonsceca

Capa e Editoração Eletrônica:
Prismatic Estúdio de Design

Imagens:
Fotos do autor

Revisão:
Natalia Lotz Mendes

Publicado em 2024

IMPRESSO NO BRASIL - PRINTED IN BRAZIL

SUMÁRIO

"Nascer, morrer, renascer ainda, progredir sempre, tal é a Lei"

(inscrição no túmulo de Allan Kardec)

Túmulo do Prof. Hippolyte (Allan Kardec)

Fonte: http://geak2002.blogspot.com/2011/03/o-tumulo-de-allan-kardec.html. Acesso em: 13 abr. 2024.

Ao caríssimo amigo Dr. Célio Trujilo Costa, médico psiquiatra que muito tem contribuído para o bem-estar da sociedade curitibana. A você, meu dileto amigo, que sabe onde "se esconde o espírito", dedico este livro.

Curitiba, primavera de 2020.

O Autor.

APRESENTAÇÃO

Este livro é um estudo comparativo entre o Espiritismo, o mediunismo e o Yoga, de acordo com o seu título.

Um caminho espiritual é um conjunto de regras, normas éticas, textos e técnicas corporais e mentais, com o objetivo de conduzir o praticante ou devoto a alcançar estados superiores de consciência. Um caminho espiritual pode ser uma religião ou não. O Yoga não é uma religião, mas é um caminho espiritual. Budismo, cristianismo, islamismo, xintoísmo e taoísmo são religiões e exemplos de caminhos espirituais.

Por quantos caminhos espirituais devemos seguir?

Vários rios nos levam ao mar. Não é possível navegar simultaneamente por dois ou mais rios objetivando alcançar o mar. O melhor é seguirmos por um só caminho espiritual, aquele do nosso coração para chegar ao mar, ou seja, atingir o Absoluto. No entanto, podemos ler, estudar e até frequentar outros caminhos espirituais diferentes como um complemento ao nosso caminho. Por exemplo, podemos ser católicos, muçulmanos, jainistas etc. e, ao mesmo tempo, praticar o Hatha Yoga, ou seja, realizar as posturas corporais. O importante é que tenhamos um caminho espiritual para ser seguido, aquele do nosso coração, aquele que nos levará ao Absoluto Brahmâm! Os demais são complementos. Esta é a opinião modesta do autor deste livro.

O Espiritismo, o mediunismo e o Yoga são exemplos de caminhos espirituais diferentes. Haveria alguma semelhança entre eles?

A resposta a esta pergunta poderá ser respondida, talvez, pela leitura deste livro.

Carlos Alberto Tinoco[1]

---

[1] *Carlos Alberto Tinoco é engenheiro civil, mestre em Educação e doutor em História da Educação com uma tese sobre o Yoga.*

INTRODUÇÃO

O que é o Espiritismo?

Espiritismo, Doutrina Espírita, Kardecismo ou Espiritismo Kardecista é uma doutrina religiosa, filosófica, mediúnica e espiritualista de moral cristã, codificada pelo pedagogo francês Hippolyte Léon Denizard Rivail, que usava o pseudônimo Allan Kardec. Ele criou o termo “espiritismo” em 1857 e o definiu como “a doutrina fundada sobre a existência, as manifestações e o ensino dos espíritos”[2]. Mesmo não sendo reconhecido como ciência, Kardec dizia que o Espiritismo alia aspectos científicos, filosóficos e religiosos, buscando uma melhor compreensão não apenas do universo tangível, mas também do universo a esse transcendente.

Em 1854, Allan Kardec era um acadêmico que não acreditava em espíritos, até que decidiu investigar ocorrências mediúnicas que estariam ocorrendo em vários locais da Europa e dos Estados Unidos. Depois de muita análise — inicialmente em relação às mesas girantes e em seguida em relação a vários outros fenômenos mediúnicos, tais como a psicografia, a obsessão espiritual e a psicofonia —, ele passou a acreditar na comunicação com espíritos, e então começou a se dedicar em unificar e sistematizar as informações obtidas pelas manifestações mediúnicas, o que resultou, primeiramente, na publicação de O Livro dos Espíritos, em 1857, em Paris.

A doutrina espírita é baseada em cinco «obras básicas», chamadas de Codificação Espírita, publicada por Kardec entre 1857 e 1868. A codificação é composta por O Livro dos Espíritos, O

[2] *Cf. O livro dos espíritos, de 1857.*

Livro dos Médiuns, O Evangelho Segundo o Espiritismo, O Céu e o Inferno e A Gênese. Somam-se ainda as chamadas obras "complementares", como O Que é o Espiritismo?, Revista Espírita e Obras Póstumas. Seus seguidores consideram o Espiritismo uma doutrina voltada para o aperfeiçoamento moral do homem e acreditam na existência de um Deus único, na possibilidade de comunicação útil com os espíritos através de médiuns e na reencarnação como processo de crescimento espiritual e justiça divina.

De acordo com o Conselho Espírita Internacional, o Espiritismo está representado em 36 países ao redor do mundo, sendo mais difundido no Brasil, onde conta com cerca de 3,8 milhões de adeptos, segundo o Censo demográfico de 2010 do Instituto Brasileiro de Geografia e Estatística (IBGE), e mais de 30 milhões de simpatizantes, de acordo com a Federação Espírita Brasileira (FEB). Os espíritas também são conhecidos por influenciar e promover um movimento de assistência social e filantrópica.

O termo espiritismo (do francês antigo "spiritisme", em que "spirit" significa espírito, e "isme", doutrina) surgiu como um neologismo, mais precisamente uma palavra, criada pelo pedagogo francês Hippolyte Léon Denizard Rivail para nomear especificamente o corpo de ideias por ele sistematizadas[3].

> Para se designarem coisas novas são precisos termos novos. Assim o exige a clareza da linguagem, para evitar a confusão inerente à variedade de sentidos das mesmas palavras. Os vocábulos; espiritual, espiritualista, espiritualismo têm acepção bem definida. Dar-lhes outra, para aplicá-los à doutrina dos Espíritos, fora multiplicar as causas já numerosas de anfibologia. [...] Quem quer que acredite haver em si alguma coisa mais do que matéria, é espiritualista. Não se segue daí, porém, que creia na existência dos Espíritos ou em suas comunicações com o mundo visível. Em vez das palavras espiritual, espiritualismo, empregamos, para indicar a crença a que vimos de referir-nos, os termos espírita e espiritismo, cuja forma lembra a origem e o sentido radical e que, por isso mesmo, apresentam a vantagem de ser perfeitamente inteligíveis, deixando ao vocábulo espiritualismo a acepção que lhe é própria (Kardec 1972, p. 13).

[3] *Cf. O livro dos espíritos, de 1857.*

Figura 1 – Allan Kardec

Fonte: https://www.google.com/search?q=Allan+Kardec+foto&client=firefox=-b-d&tbm-isch&source=iu&ict. Acesso em: 19 abr. 2024.

Contudo, a utilização do termo, cuja raiz é comum a diversas nações ocidentais de origem latina ou anglo-saxônica, fez com que ele fosse rapidamente incorporado ao uso cotidiano para designar tudo o que dizia respeito à alegada comunicação com os espíritos. Assim, por espiritismo, entendem-se hoje as várias doutrinas religiosas e/ou filosóficas que creem na sobrevivência dos espíritos à morte dos corpos e, principalmente, na possibilidade de se comunicar com eles, casual ou deliberadamente, via evocações ou espontaneamente.

O termo "kardecista" é repudiado por parte dos adeptos da doutrina que reservam a palavra "espiritismo" apenas para a doutrina tal qual codificada por Kardec, afirmando não haver diferentes vertentes dentro do Espiritismo. Assim, eles denominam correntes diversas de "espiritualistas". Esses adeptos entendem que o Espiritismo, como corpo doutrinário, é um só, o que tornaria redundante o uso do termo "Espiritismo Kardecista". A própria obra desaprova o emprego de outras expressões como "kardecista", definindo que os ensinamentos codificados, em sua essência, não se ligam à figura única de um homem, como ocorre com o cristianismo ou o budismo, mas a uma coletividade de espíritos que se manifestaram através de diversos médiuns naquele momento histórico. Dessa forma, esperava-se que eles continuassem a se comunicar, fazendo com que aquele próprio corpo doutrinário se mantivesse em constante processo evolutivo. Outra parcela dos adeptos, no entanto, considera o uso do termo "kardecismo" apropriado.

As expressões nasceram da necessidade de alguns em distinguir o "Espiritismo" (como originalmente definido por Kardec) dos cultos afro-brasileiros, como a Umbanda e o Candomblé. Estes últimos, discriminados e perseguidos em vários momentos da história recente do Brasil, passaram a se autointitular espíritas (em determinado momento, com o apoio da Federação Espírita Brasileira), num anseio por legitimar e consolidar esse movimento religioso, devido à proximidade existente entre certos conceitos e práticas dessas doutrinas.

Segundo seguidores e simpatizantes da Doutrina Espírita, os fenômenos mediúnicos seriam universais e teriam sempre existido, inclusive com fartos relatos na Bíblia. Entre outros, os espíritas citam como exemplos mediúnicos bíblicos a proibição de Moisés à prática da "consulta aos mortos", que seria uma evidência da crença judaica nessa possibilidade, já que não se interdita algo irrealizável; a consulta de Saul, primeiro rei do antigo Reino de Israel, à Bruxa de Endor, em I Samuel 28:1-25, que vê e ouve o Espírito desencarnado de Samuel, o último dos juízes de Israel e o primeiro dos profetas registrados na história do seu povo; e a comunicação de Jesus com Moisés e Elias no Monte Tabor na Transfiguração de Jesus (Mateus 17:1-9).

Na filosofia antiga também há exemplos: nos Diálogos de Platão, este fala sobre o daimon ou gênio que acompanharia Sócrates.

Muitos espíritas adotam a data de 31 de março de 1848 (início dos acontecimentos mediúnicos na residência das irmãs Fox em Hydesville, EUA) como o marco inicial das modernas manifestações mediúnicas, alegadamente mais ostensivas e frequentes do que jamais ocorrera, o que levou muitos pesquisadores a se debruçarem sobre tais fenômenos.

O ESPIRITISMO

Capítulo 1:

INTRODUÇÃO HISTÓRICA AO ESPIRITISMO E AO MEDIUNISMO

Derramarei meu Espírito sobre toda a carne, e vossos filhos e vossas filhas profetizarão, os vossos velhos terão sonhos, os vossos mancebos terão visões (O SENHOR a Joel apud Lessa, s/d, p. 135).

1.1 Pré-história

Os fenômenos ditos mediúnicos são tão antigos quanto os seres humanos. Vestígios paleolíticos, mesolíticos, neolíticos e da Idade do Bronze atestam a presença dessas práticas religiosas desde a pré-história.

O enterro dos mortos, especialmente com espólio, parece indicar uma das primeiras manifestações da prática religiosa, sugerindo uma preocupação com os falecidos, o que transcende a vida diária. Os primeiros Homo neanderthalensis, ao que tudo indica, foram, talvez, os primeiros a participarem de rituais religiosos. Recentemente, na Espanha, um grupo de arqueólogos encontrou indícios do que acreditaram ser os restos de um ritual funerário praticado por neandertais há mais de 45 mil anos. Foram encontrados chifres de animais e o esqueleto de um rinoceronte situados em volta da sepultura de um bebê neandertal, provavelmente um tipo de simbolismo religioso relacionado à morte da criança. A ideia mais interessante do grupo de estudiosos é que aqueles homens primitivos acreditavam em algum tipo de vida após a morte e, com isso, faziam cerimônias como se estivessem se despedindo dos mortos e encaminhando-os para a vida além-túmulo. Essa descoberta pode indicar que os neandertais não eram tão embrutecidos e primitivos como se pensou durante algum tempo. Como se sabe, eles eram hábeis caçadores e demonstravam boas habilidades sociais. O achado arqueológico lança novas luzes sobre a evolução da religiosidade.

O homem de neandertal, ou Homo neanderthalensis, é uma espécie ancestral humana extinta, com a qual o homem moderno conviveu e se relacionou sexualmente, gerando descendência. Essa espécie surgiu há cerca de 400 mil anos na Europa, no Oriente Médio e na Península Ibérica, extinguindo-se há 28 mil anos. Ela compartilha com os humanos atuais 99,7% do seu DNA, no entanto, revela diferenças morfológicas significativas. Seus achados arqueológicos apontam que se trata de fósseis do gênero Homo enquanto habitaram a Europa e áreas da Ásia Ocidental desde mais de 350 mil anos até 28 mil anos atrás aproximadamente, abrangendo o Paleolítico Médio, o Paleolítico Inferior e o Pleistoceno.

1.2 O Livro Egípcio dos Mortos

Por volta de 1600 a.C. ou, talvez, muito antes, os antigos egípcios redigiram em escrita hieroglífica, em papiros, amuletos, esquifes, sarcófagos e paredes, um texto conhecido como "O Livro Egípcio dos Mortos", cujo objetivo era conciliar as boas graças dos seres amistosos no além-túmulo, ir aonde desejassem e como quisessem na vida após a morte, permitindo que a alma dos mortos alcançasse o reino divino de Osíris, o vencedor da morte. Esse texto passou a ser conhecido com o Livro dos Mortos, como já foi dito.

Os antigos e piedosos egípcios eram lavradores, escravos, reis, rainhas ou outras pessoas que viviam com as lições do Livro dos Mortos diante de si. Essas pessoas eram sepultadas de acordo com o que prescrevia o referido Livro, nele se baseando toda a sua vida espiritual e sua felicidade na vida após a morte.

Muitas ideias e crenças, incluídas nos antigos textos egípcios, podem ter sido existidas na quinta e na sexta Dinastias, por volta de 3500 a.C.

O costume de colocar junto ao morto textos fúnebres de teor religioso é muito antigo. Esses textos representam crenças pertencentes a vários períodos da longa vida da nação egípcia, objetivando beneficiar o morto. Destinavam-se a dar-lhe o poder de gozar a vida eterna, fornecendo-lhe tudo o que precisasse no Outro Mundo, assegurando-lhe a vitória sobre os inimigos, além de proporcionar-lhe o dom de conciliar as boas graças de seres amistosos no Além Túmulo, preservar intactos seus restos mumificados e, finalmente, permitir que a sua alma atingisse o reino de Osíris, o vencedor da morte, que restitui a vida a homens e mulheres.

Os antigos egípcios diziam que o ser humano tinha, além do corpo físico, outros corpos sutis, como o Ká, ou duplo; Bá, ou "alma do coração" (ligado a Ká); Khu, ou alma espiritual; Sphem, ou personalidade; e Sahú, ou "corpo espiritual" (habitação da alma).

O Livro Egípcio dos Mortos é bastante extenso e de leitura complexa. É aqui citado para que se tenha uma ideia de que, no Egito antigo, cultuavam-se os mortos e se acreditava em uma vida além-túmulo.

É patente também nesse Livro a crença dos egípcios na imortalidade da alma e na fé em uma vida futura no mundo espiritual, bem como na reencarnação, que propicia ao homem renascer na Terra para a aquisição de novos valores e para a obtenção de renovadas experiências.

Figura 2 – Momento em que Anúbis (esquerda) faz a pesagem do coração de alguém que morreu

Foto: PerseoMedusa e Shutterstock.com

Figura 3 – Exemplar do texto em sarcófagos

Fonte: http://reino-de-clio.blogspot.com/2016/08/o-livro-dos-mortos-egipcio-i-origens.html. Acesso em: 19 abr. 2024.

Quatro anos após a campanha do Egito da França (1798-1801), é publicado em Paris o primeiro facsimilar de um exemplar do Livro dos mortos. Trata-se do Papyrus Cadet, feito durante a dinastia Ptolemaica. Seguidamente, esse facsimilar é colocado com outros no segundo volume do monumental Descrição do Egito. Essa obra foi publicada entre 1809 e 1828.

Traduções

Figura 4 – Karl Richard Lepsius, o primeiro tradutor do Livro dos Mortos

Fonte: https://pt.wikipedia.org/wiki/Karl_Richard_Lepsius#/media/Ficheiro:Carl_Richard_Lepsius_(1810-1884).jpg. Acesso em: 19 abr. 2024.

A primeira tradução do Livro dos Mortos foi publicada em 1842. Foi uma edição em língua alemã, fruto do trabalho do egiptólogo alemão Karl Richard Lepsius, traduzida com base no Papyrus de Iuef-Ânkh, da época Ptolomaica e guardada no museu egiptólogo de Turim. Lepsius dividiu esse papiro, um dos mais completos, em 165 capítulos numerados (um capítulo por cada fórmula mágica distinta). Por razões práticas, essa numeração, mesmo que arbitrária, é sempre atual no meio da filologia egípcia.

Em 1881, o holandês Willem Pleyte publicou nove capítulos adicionais (166 a 174), mas que foram ignorados pelo suíço Henri Édouard Naville. Este último revelou os seus próprios capítulos adicionais (166 a 186) baseado em diferentes papiros do Novo Império egípcio.

Em 1898, o inglês sir E. A. Wallis Budge publicou a sua tradução baseada nos papiros que remontam da 18ª dinastia egípcia à dinastia Ptolomaica. A sua edição cresce com os capítulos 187 a 190 retirados do Papyrus de Nu, salvaguardados no British Museum de Londres.

A mediunidade no Egito Antigo se notabiliza nos mistérios iniciáticos de Ísis e Osíris, acumulando experiências de rara beleza, que servirá de testemunho enobrecedor que secundou outras civilizações na prática de nobres verdades espirituais.

Oriundos de todas as classes sociais, mesmo o das mais ínfimas, os sacerdotes eram os verdadeiros senhores do Egito Antigo. Todos os historiadores estão de acordo em atribuir aos sacerdotes daquela época poderes que pareciam sobrenaturais e misteriosos. Sabe-se que eles invocavam os mortos, o que atesta a presença da mediunidade entre eles.

O Livro Egípcio dos Mortos foi também escrito em papiros, e os seus donos recebiam em seus sarcófagos um exemplar do referido livro para acompanhá-lo na outra vida. Os copistas demoravam muito para escrevê-lo e o seu preço era elevado, algumas vezes custando o salário de meio ano de trabalho daqueles que pretendiam adquiri-lo.

De início, o Livro Egípcio dos Mortos era reservado apenas aos sacerdotes, sendo o seu acesso democratizado com o passar do tempo.

No livro Deuteronômio, Moisés proibiu os hebreus de invocar os mortos ao dizer:

> 18;9: Quando entrares na terra que o Senhor teu Deus te der, não aprenderás a fazer conforme as abominações daqueles povos;
>
> 18,10: Não se achará entre ti quem faça passar pelo fogo o seu filho ou sua filha, nem adivinhador, nem prognostificador, nem açougueiro, nem feiticeiro;
>
> 18, 11; Nem encantador, nem necromante, nem mágico, nem quem consulte os mortos;
>
> 18, 12; Pois todo aquele que faz tal cousa é abominação ao Senhor; e por estas abominações o Senhor teu Deus os lança diante de ti (Deuteronômio, 18; 9-12).

1.3 Os Vêdas - introdução geral

1.3.1 A Literatura Védica

Toda a herança cultural e filosófica da Índia tem suas raízes mais profundas nos Samhitâs dos Vêdas e principalmente nas Upanishads (ver, a seguir, a classificação da Literatura Védica). Nesse país, a filosofia e a religião sempre mantiveram uma estreita relação, muitas vezes uma se confundindo com a outra. A tendência dominante no pensamento filosófico-religioso da Índia, pode-se dizer, é um monoteísmo filosófico e um monismo espiritualista. As raízes disso podem ser encontradas nos hinos védicos. A existência de uma pluralidade de deuses não significa que exista, na Índia, um politeísmo. A palavra correta, segundo Max Müller, seria "henoteísmo". Isso significa que a adoração ou o culto a um dos inúmeros deuses é uma porta de entrada para o Absoluto. Um deus poderia representar outro. Este é o sentido da palavra henoteísmo. Os diversos deuses são como porta de acesso para se alcançar o Supremo. Perguntas como: "A que deuses faremos as nossas oferendas?" (Rig Vêda, X, 121) eram feitas pelos antigos rishis (sábios). Sobre isso, diz The Cultural Heritage of India (2001, v. 1, p. 166-167): "Uma outra famosa passagem diz: 'Aquilo que é a Realidade, os sábios chamam por diferentes nomes – Agni, Yama e Matarishvan' (Rig Vêda, I, 164, 46)".

Esse é o significado do henoteísmo. Portanto, trata-se de um tipo especial de monoteísmo filosófico e religioso, em que todos os deuses são aspectos ou portas que levam ao Absoluto.

A seguir, a classificação da Literatura Védica:

TEXTO VÉDICO	*DATA (PROVÁVEL) DE ELABORAÇÃO*
Samhitas ou Hinos primitivos	*IV a II milênio a.C.*
Brahmanas	*2.500 a 1.800 a.C.*
Aranyakas	*1.700 a 1.500 a.C.*
Upanishads (primeiras)	*1.500 a 800 a.C.*
Sutras	*2.000 a.C. a 500 d.C.*
Mahabharata (Itihasas)	*2.000 a.C. a 400 d.C.*
Ramayana (Itihasas)	*1.600 a.C. a 300 d.C.*
Puranas (Itihasas)	*350 d.C. e depois*
Tantras	*400 d.C. e depois*

Há um poema que expressa a natureza indevassável da Realidade Última. Ele é conhecido como Hino Nâsadîya (Rig Vêda, X, 129), ou "Hino da Criação", que se encontra a seguir, numa tradução do The Cultural Heritage of India. Mais adiante, será apresentada outra tradução do mesmo hino.

Então, não havia nem nada nem coisa alguma,
Nem ar ou o céu além
O que cobria tudo? Onde tudo repousava?
No húmido e profundo abismo?
Não havia morte, ali, nem escuridão,
Nem mudança das noites e dos dias.
Aquele respirava calmamente e auto sustentado
Nada mais havendo além dele que repousava.

A escuridão escondeu-se na escuridão que havia primeiro –
Um mar, que ilude a vista.
Aquele, um vazio no caos, envolvido pelo fervor
Interior, cresceu.
Dentro Disso, primeiro, despertou o desejo,
Germe primeiro da mente.
O qual não se une à existência,
Como sábios buscando a meta.
Os pequenos raios que atravessaram
o abismo escuro e sombrio – estavam embaixo?
Ou estavam longe?
Que bardo pode responder a isso?
Ali, o poder da fecundação se encontra,
e poderosas forças se esforçam –
a massa de suporte é subjacente, e
a energia acima.
Quem sabe, quem já disse, de onde
Esta vasta criação emergiu?
Nenhum deus havia então nascido
– o que então, pode ser a verdade que divulgamos?
De onde surgiu este mundo e se
moldado por mão divina ou não –
este Senhor no céu só posso dizer,
nem mesmo ele pode mostrar

The Cultural [...], s/d, p. 167-168).

Esse belo poema expressa a essência do monismo filosófico-religioso da Índia Antiga ou, ainda, contém as expressões de um não dualismo, dito em palavras. A Realidade Última não pode ser expressa em palavras de acordo com o poema. Como se pode ver da sua leitura, essa Realidade não é assimilada a nenhum deus. Essa Realidade situa-se além das palavras, além do pensamento, além da razão. Como será visto posteriormente, o poema expressa uma Realidade Última, um monismo semelhante àquele encontrado na escola Vedanta não dualista ou monista, a escola Advaita Vedanta, elaborada por Adi Shankaracharya entre os séculos VIII e IX d.C.

Essa Realidade Última dos hindus também é chamada Paramârtha (Parama = supremo + artha = objeto). Essa realidade somente pode ser percebida por pessoas se estas alterarem suas consciências. Em outras palavras, Paramârtha, a Realidade Suprema, só é percebida em estados elevados de consciência, em estado de Nirbija Samâdhi. Zimmer (2003, p. 42) escreveu que o Paramârthavid, ou aquele que conhece Paramârtha, é o filósofo, um homem liberto espiritualmente. Esse é um conceito parecido com o ocidental para a palavra “filósofo”, em que filo significa amante e sophia, sabedoria. Portanto, no Ocidente, filósofo é aquele que ama a sabedoria. Mas se trata de uma sabedoria diferente de Paramârtha. A sabedoria no Ocidente seria a razão ou, como queria Platão, “o supremo bem”, que residiria no “Topos Noetós”, o “Lugar das Ideias”, o lugar onde se encontram as coisas perfeitas, o modelo de tudo o que existe. Para Platão, esse lugar não é o mundo físico. De acordo com esse filósofo, a alma humana era perfeita, residindo simultaneamente no corpo físico e no lugar das ideias. Portanto, era no interior do homem onde se deveria buscar a Verdade. Para outros, seria a sabedoria de conhecer, racionalmente, a realidade, tanto material quanto mental. O conceito de Verdade, de Realidade Última, varia no Ocidente, de acordo com a escola filosófica onde se desenvolveu. Em alguns raros casos, coincide, em parte, com a ideia de Paramârtha. Para Aristóteles, essa Realidade Última era Deus, o “Primeiro Motor Imóvel” (primum móbile immotum). Para Espinoza, essa Realidade era Substância, uma Substância Insubstancial, a Substância Divina, onde Deus e a Natureza seriam a mesma coisa. Para Henry Bergson, era o Elán Vital. A base da religião é a convicção humana de que existe uma Realidade Transcendente ou Absoluta, uma Realidade Última que está além do alcance da razão, do pensamento lógico, do mundo fenomênico.

No budismo e no jainismo, o tempo é cíclico e, portanto, não linear. Nas religiões Ocidentais, Deus é uma realidade transcendente. Ele é compreendido como um ser infinito, onisciente e onipotente. Deus, como criador, é entendido como estando totalmente separado da Sua criação; um jardineiro que, após criar o jardim, dele se afastou. Na Índia, a Realidade Última só pode ser percebida quando se alcança Moksha, Mukti, Kaivalya ou Apavarga, a Libertação Espiritual. No budismo, a Realidade Última é percebida quando se alcança o Nirvana, quando o vazio na consciência é atingido (Shunyata). No Ocidente, tem-se a ciência, mas nos falta uma metafísica profunda sobre a Realidade Última. A lista seria enorme e enumerá-la está fora do escopo deste livro.

Os Samhitâs dos Vêdas contêm vários hinos dedicados a diversos deuses. Esses hinos são como orações, cantos de louvor a esses deuses. Por exemplo, no Samhitâ do Rig Vêda encontram-se os seguintes hinos:

- Dedicados a Indra: 250;
- Dedicados a Agni: 200;
- Dedicados a Soma: 120;
- Dedicados a Varuna: 6.

Há também aqueles dedicados a Savitri, Vâyu e outros.

A distribuição dos hinos por livro, é a seguinte, para o Samhitâ do Rig Vêda:

LIVRO	*NÚMERO DE HINOS*
I	*191*
II	*43*
III	*62*
IV	*58*
V	*87*
VI	*75*

VII	*104*
VIII *Valakhilya*	*92* *11*
IX	*114*
X	*191*
Total	*1.028 hinos*

Esses hinos e os outros dos três Samhitâs restantes (Sâma Vêda, Athârva Vêda e Yajur Vêda) são especulativos, filosóficos e religiosos, a base e a origem da Filosofia e da religião ou das escolas (Darshanas) que aceitam a autoridade dos Védas.

Os Védas são os primeiros registros de um grande avanço feito pela humanidade, desde o seu despertar em torno do mundo físico. Assim, é o elemento metafísico que permeia o pensamento filosófico da Índia. A composição dos Védas tornou-se possível apenas após a humanidade ter desenvolvido a linguagem como um instrumento de comunicação, ou seja, com a elaboração de línguas formadas por fonemas (vogais e consoantes) e morfemas, ou seja, raiz + sufixo. Na verdade, todos os mistérios desvendados pelos videntes (rishis) sobre assuntos importantes foram pronunciados na forma de versos literários, ou chandas. Os dísticos ou chandas foram considerados como dharmas. Esta é a razão pela qual Yaksha, um antigo sábio estudioso dos Védas, refere-se à origem deles (chandas) do seguinte modo (Griffith, 2001): "sâkshatkrtadharmânah rsayo babhûva. Nir" (I, 20). A tradução seria a seguinte: "Existiram rishis para quem foi revelado o dharma. Nir" (I, 20).

O Samhitâ do Sâma Véda possui um texto quase idêntico ao do Rig Véda, e menos de 5% do primeiro é considerado original. Vale destacar que o Samhitâ do Sâma Véda é o mais temido dentre seus congêneres. Quando o sacerdote udgatri cantava versos desse Samhitâ, todas as pessoas deveriam parar seus afazeres por respeito ou medo. Outros sacerdotes temiam o udgatri. O povo não gostava desses sacerdotes. A parte considerada mais importante do Samhitâ era transmitida oralmente. Errar a pronúncia ou até mesmo o modo de cantar era considerado engano perigoso, fato que poderia levar à morte. O Samhitâ do Sâma Véda tem, aproximadamente, 2 mil estrofes, sendo conhecido por "Véda das Estrofes".

O Samhitâ do Yajur Véda é dividido em duas partes: branco (Sukla) e negro (Krishna). Esse Samhitâ contém preces e fórmulas ou instruções sobre rituais de magia negra. A diferença entre os dois é que o negro é mais difícil de ser lido, existindo em meio às suas preces alguns comentários, explicações ou interpretações que dificultam a sua leitura. O branco, ao contrário, é mais fácil de ser lido e compreendido, sendo conhecido por "Véda das Fórmulas". Ambos têm, aproximadamente, 3 mil estrofes ou linhas de prosa.

O Samhitâ do Athârva Véda é o mais moderno deles. Ele tem, aproximadamente, 6 mil estrofes ou linhas de prosa e um estilo marcado por ideias filosóficas e religiosas diferentes, mais atuais. É semelhante ao Samhitâ do Rig Véda, mas de caráter em parte mágico e em parte especulativo. A tradição fala frequentemente de "Três Védas".

O Samhitâ do Rig Véda possui 10 mil estrofes e é chamado de "Véda das Estrofes".

Existem tradições que acreditam na existência de pessoas especiais, dotadas de capacidade de percepção muito aguçada, sendo capazes de penetrar em aspectos incomuns da realidade, inacessíveis ao ser humano normal, ao homem comum. O conhecimento védico teria sido estabelecido por tais criaturas na Índia Antiga, em tempos imemoriais: os rishis, meditadores videntes recolhidos da sociedade às florestas ou às montanhas, eram sábios místicos a quem se atribui ter sido revelado os textos védicos.

Há uma tradição na Índia, semelhante àquela existente na Grécia Antiga, segundo a qual existiram sete sábios que deram os primeiros conhecimentos aos homens. Nos Védas, esses sábios eram denominados por Maharishis, e cada um deles teria dado origem a uma família de rishis, cujos nomes significam montanhas, rios etc.

Na Índia Antiga, a sabedoria era guardada zelosamente, não importando seu tipo, sendo comunicada cuidadosamente e tão somente àquelas pessoas capazes de se tornarem adeptas, de se tornarem integrantes de uma linhagem espiritual, a sampradaya do seu mestre espiritual na qual eram iniciadas. Tal zelo se justifica por se tratar de um conhecimento de certa forma perigoso caso caísse nas mãos dos incautos, dos ignorantes das verdades espirituais. Isso ocorria também com as artes de uma profissão, o conhecimento de textos sagrados etc. Muitas vezes, tratava-se de segredos das famílias. Daí os Samhitâs dos Védas pertencerem, nos primeiros tempos, a certas linhagens familiares. Apenas o primeiro livro do Rig Véda não é considerado um "livro de família". No passado, as estrofes foram compostas para que se pudesse invocar certos deuses e para a realização dos rituais, em que se faziam as oferendas. O objetivo era conseguir favores, benesses dos deuses. Pensava-se que os hinos teriam sido revelados àqueles que os compuseram, aos cantadores durante suas visões e experiências místicas.

De acordo com o "Código de Manu" (Manarva Dharma Sastra), o Absoluto Brahmân teria criado quatro castas, que são:

1. Brâhmanes ou sacerdotes: tinham como objetivo ensinar a literatura sagrada da Índia. Teriam sua origem na cabeça do Supremo. Eram os professores e os sacerdotes, pessoas muito respeitadas;

2. Kishãtryas: eram os reis, ministros, políticos, funcionários públicos e, principalmente, os militantes. Teriam origem nos braços do Supremo;

3. Vaishyas: eram os comerciantes, donos de terras, os que emprestavam dinheiro a juros e os donos do processo produtivo. Teriam origem nas coxas do Supremo;

4. Shudras: eram os trabalhadores, os operários que serviam às três castas anteriores. Teriam origem nos pés do Absoluto.

Havia, ainda, os Harijans, os párias ou intocáveis. Eram pessoas nascidas de relações incestuosas entre pessoas de outras castas. São os miseráveis, sem lar e que moram nas ruas, pedindo esmolas. Eles não têm castas, sendo banidos da sociedade. Sobre esse tema, há um livro muito interessante chamado Na pele de um intocável (Boulet, 1996).

As castas são o flagelo da Índia. Ainda hoje esse terrível sistema é respeitado e vigente, embora mais atenuado.

A palavra sânscrita Brahmâm não é facilmente traduzível para idiomas ocidentais. Ela parece também nos Samhitâs dos Védas. Ela pode ser traduzida, segundo Heinrich Zimmer (2003, p. 63), por "Poder Sagrado". Nos hinos dos Samhitâs, a palavra Brahmâm significa "esta estrofe", "este verso", "esta linha". No Athârva Véda, ainda segundo Zimmer (2003, p. 65), há a seguinte frase: "Por meio desta estrofe (anema Brahmâm), eu te liberto desta enfermidade".

A palavra Brahmâm é oriunda de brh ou brah, que significa "grande". A palavra pati significa "senhor".

Pouco depois, ainda na era védica, Brahmâm passou a ser o Absoluto, o Insondável, o Supremo; passou a ser a essência de tudo, o Poder Cósmico que a tudo abarca, essência de tudo e de todos. Tudo surgiu da Sua onipotência. Todos os seres vivos residem às margens desse Grande Oceano que é Brahmam.

Desde tempos imemoriais, os sacerdotes brâmanes, iniciados nos mistérios sagrados, preparavam os indivíduos, hoje conhecidos como "faquires" para desenvolverem as suas mediunidades, onde se testemunhavam fenômenos sonambúlicos e vários tipos de êxtases. A invocação do espírito dos mortos, conhecidos como pitris ou antepassados, era prática comum na Índia Antiga. Ainda, em sânscrito clássico, o termo pretas se refere ao espírito de qualquer pessoa morta, mas especialmente antes que os ritos obsequiais sejam realizados, mas também mais estreitamente a um fantasma ou a um ser maligno.

1.4 O Espírito dos Mortos no Hinduísmo e no Budismo

Preta, como já foi dito, é um termo também conhecido como fantasma faminto. É o nome sânscrito para um tipo de ser sobrenatural descrito no hinduísmo, no budismo, no taoísmo e na religião popular chinesa e vietnamita como alguém sofrendo mais que os humanos, particularmente um nível extremo de fome e sede. Ele tem sua origem nas religiões indianas, mas foi adotado pelas religiões do leste asiático por meio da disseminação do budismo. Preta é frequentemente traduzido como "fantasma faminto" ou "espírito ávido" da adaptação chinesa.

Acredita-se que os pretas tenham sido pessoas falsas, corruptas, compulsivas, enganosas, invejosas ou gananciosas em uma vida anterior. Como resultado de seu karma, eles são afligidos por uma fome insaciável por uma determinada substância ou objeto.

Por meio de crenças e influência do hinduísmo e do budismo em grande parte da Ásia, o preta figura com destaque nas culturas da Índia, do Sri Lanka, da China, do Japão, da Coreia, do Vietnã, de Tibete, da Tailândia, de Camboja, de Laos e de Mianmar.

O termo sânscrito preta também significa "falecido, morto, uma pessoa morta", de pra-ita, literalmente "saiu, partiu". O termo sânscrito foi usado no budismo para descrever um dos seus possíveis estados de renascimento.

Pretas são invisíveis ao olho humano, mas alguns acreditam que podem ser discernidos pelos humanos em certos estados mentais. Eles são descritos como semelhantes aos humanos, mas com pele mumificada afundada, membros estreitos, barrigas enormemente distendidas e pescoços longos e finos. Essa aparência é uma metáfora para sua situação mental: eles têm enormes apetites, representados por suas barrigas gigantescas, mas uma capacidade muito limitada de satisfazer esses apetites, simbolizada por seus pescoços esguios.

Os pretas habitam lugares ermos e desérticos da terra e variam de acordo com o seu karma passado. Alguns deles podem comer um pouco, mas acham muito difícil encontrar comida ou bebida.

Outros podem encontrar comida e bebida, mas acham muito difícil de engolir. Também há aqueles que descobrem que o alimento que comem parece explodir em chamas quando o engolem. Outros veem algo comestível ou bebível e o desejam, mas ele apodrece ou seca diante de seus olhos. Como resultado, eles estão sempre com fome. Além da fome, os pretas sofrem de calor e frio excessivos, pois acham que até a lua os queima no verão, enquanto o sol os congela no inverno.

Os sofrimentos dos pretas muitas vezes se assemelham aos dos habitantes do inferno, e os dois tipos de seres são facilmente confundidos. A distinção mais simples é que os seres no inferno estão confinados ao seu mundo subterrâneo, enquanto os pretas estão livres para se movimentar. Tudo isso nos faz lembrar a série “Nosso Lar”, em que o espírito André Luiz nos descreve o “Umbral”, local terrível habitado por espíritos que se assemelham aos pretas do hinduísmo, budismo etc.

Geralmente, no entanto, os pretas são vistos como seres dignos de pena. Assim, em alguns mosteiros budistas, os monges deixam oferendas de comida, dinheiro ou flores para eles antes das refeições.

No Japão, preta é traduzido como gaki (“fantasma faminto”), um empréstimo do chinês médio nga (“fantasma faminto”).

Desde 657 d.C., alguns budistas japoneses observaram um dia especial em meados de agosto para lembrar os gaki. Por meio de tais oferendas e lembranças (segaki), acredita-se que os fantasmas famintos podem ser libertados de seu tormento.

Segundo a tradição hindu, o período do luto dura 13 dias. Durante esse período, os hindus observaram a chamada “impureza religiosa”, também conhecido como “ashauca”. Para reduzir ou eliminar essa “impureza”, realizavam a prática de “shauca” ou “pureza religiosa”. A impureza religiosa é uma forma de prática observada em outras tradições religiosas. Ainda na tradição hindu, essa prática não sugere que uma pessoa seja rotulada de pura ou impura. Nos meios do hinduísmo, shauca é praticada de forma mais comum, em relação a orações e adorações, para que a pureza espiritual seja mantida. Assim, é necessário que haja o banho antes do culto religioso. Também são purificados os objetos usados no culto religioso. Eles são consagrados com água sagrada, acompanhados do cantar de mantras específicos, antes do uso.

Durante os 13 dias do luto, a família do falecido deve observar ashauca, e o culto religioso está sempre associado ao falecido. Ainda que a morte seja inevitável, ela é sempre considerada um fato não favorável, uma vez que gera tristeza e infelicidade à família do morto.

O período em que se observa ashauca varia, dependendo de alguns fatores, como, por exemplo, a idade com a qual ocorreu a morte, o tipo de relacionamento com a morte e as tradições da comunidade. Assim, se o falecido tinha menos de 2 anos de idade, nesse caso, ashauca se aplica apenas aos pais, durante três dias.

Os hindus também realizam rituais para os antepassados, denominado Parvana Shraddha, dedicado a três gerações de parentes (antepassados junto às esposas), quando são invocados e reverenciados.

São muitos os rituais do hinduísmo, e os principais são os seguintes:

a. Ritual do fogo (Agnieayana);

b. Rituais do casamento – podem durar até 12 dias. Não pode haver casamento entre pessoas de castas diferentes. A esposa deve levar um dote (valor) para ser dado ao noivo.

c. Ritual do nascimento (Namkaran);

d. Ritos da morte, realizados principalmente durante a cremação;

e. Peregrinações – são visitas aos lugares sagrados, sendo feitos em grupo ou não.

f. Festival das luzes – comemorado no outono, em todo o país, com o acender de velas;

g. Festival das nove noites – realizado para a Deusa Durga, em setembro ou outubro;

h. Shiravratri – um feriado festivo indiano e nepalês, celebrado todos os anos na 13ª noite e no 14º dia no Krishna Paksha do mês de madgha, em homenagem ao deus Shiva. O festival é celebrado principalmente por meio da oferta de Bael (marmeleiro da Índia) a Shiva. É também chamado de Maha Shivaratri (a grande noite de Shiva);

i. Festival de Krishna – realizado em agosto;

j. Ritual do Fogo Diário – de acordo com antiga tradição, um pequeno fogo deve ser mantido aceso por 24 horas nos bares da Índia;

k. Kesh Lohan – um ritual muito popular na Índia é cortar o cabelo e oferecê-lo a uma divindade. Nesse país, acredita-se que essa é uma maneira de agradecer ou agradar aos deuses;

l. Festival do Pote (Khumba Mela) – é o principal festival hindu, ocorrendo quatro vezes a cada 12 anos, rodando por quatro cidades: Allahabad, Ujjaim, Nashik e Haridwar. Cada ciclo de 12 anos inclui o Maha Kumbha Mela (maha = maior) em Allahabad, onde milhões de devotos do hinduísmo se reúnem para se banhar na Sangam, lugar de encontro dos rios Ganges, Jamuna e Sarasvati, para se purificar. É o maior festival religioso do mundo.

1.5 Referência aos Mortos e Deuses na Literatura Sagrada da Índia

São inúmeras as referências aos mortos e aos deuses na literatura sagrada da Índia. A seguir, citaremos apenas duas, entre inúmeras outras.

a. No Samhita do Atharva Vêda

> (oração a Arbuti e Nyarbudi por ajuda na batalha):
>
> 6. Vós, Arbuti, faz aparecer o grupo de sete espectros. Quando a oblação for realizada, levantai-nos com todos estes, junto com o exército!
>
> 7. (A mulher enlutada), batendo em si mesma, com o rosto manchado de lágrimas, com orelhas curtas e mutiladas, com cabelo desgrenhado, lamentará, quando um homem foi morto, perfurado por ti, ó Arburi!
>
> (Atharva Vêda, 1979, p. 123-124).

E ainda, no Samhita do Atharva Vêda, se pode ler o seguinte:

> Aquele que penetrou o segredo das coisas, que se elevou pela contemplação à ciência do princípio imortal, que macerou o corpo e desenvolveu a alma, que conhece todos os mistérios do Ser e do não Ser, que estudou todas as transformações da molécula vital desde Brahma até o homem e do homem até Brahma, é o único que está em
>
> comunicação com os pristis e governa as forças celeste (Jacolliot, p. 7, s/d).

b. No Código de Manu (Manarva Dharma Sastra):

> 145. Na cerimônia pelos mortos, deve-se tentar alimentar um homem que cruzou para a outra margem do Rig Veda, ou um estudioso do Yajur Veda que chegou ao fim de sua recensão, ou alguém que concluiu seus estudos do Sama Veda.
>
> 146. Se qualquer um destes for alimentado e honrado na cerimônia dos mortos, o ancestral (do hospedeiro) voltado sete gerações será perpetuamente satisfeito.
>
> 147. Esta é, de fato, a regra principal quando se trata da apresentação de oferendas aos deuses e ancestrais. Mas o seguinte deve ser conhecido e a regra secundária que é sempre praticada por um homem bom.
>
> 148. Um homem pode alimentar seu avô ou tio no lado materno.
>
> 149. Um homem que conhece a lei não precisa examinar o sacerdote (convidado) para os rituais para os deuses. Quando vier para os rituais para os ancestrais, no entanto, ele deve ser cuidadosamente examinado (o convidado) (Doniger; Smith, s/d, p. 58).

1.6 Mediunismo da Bíblia: Introdução[4]

Muitos são os fatos mediúnicos na Bíblia. Antes de citar alguns dos fatos referidos, será feita uma introdução ao estudo da Bíblia.

A Bíblia Sagrada é formada por 73 livros, também conhecidos por "Textos Canônicos". São assim chamados porque integram o Cânon ou lista oficial dos livros que servem de orientação à fé cristã. Esses livros são divididos em dois grandes grupos, formando os dois Testamentos assim descritos:

a. Antigo Testamento, constituído pelos primeiros 46 livros. São anteriores ao nascimento de Cristo. O Velho Testamento da Bíblia protestante tem apenas 39 livros.

[4] *Texto retirado de meu livro As Faces da Mãe Divina (2020, p. 109-112, 118-119).*

Referem-se à antiga aliança entre Deus e o povo hebreu. O Antigo Testamento contém a Lei Mosaica, livros históricos, sapiências e proféticos, quase todos escritos originalmente em hebraico.

b. Os outros 27 livros formam o Novo Testamento, tendo sido escritos posteriormente ao nascimento de Jesus.

A palavra "Apócrifo" vem do grego apokrypho ou do latim apokhyphu e significa "secreto", "oculto". Com o passar do tempo, passou a designar "inautêntico", "falso", se referido a textos cuja autenticidade não foi provada. O termo também passou a designar não apenas o livro de autenticidade duvidosa, mas também "livro suspeito de heresia", "livro espúrio".

A palavra "Evangelho" (do grego Evangelión) significa "Boa Nova". Esse termo é usado para designar os ensinamentos do cristianismo contidos nos quatro evangelhos, que são relatos da vida de Jesus, escritos pelos apóstolos ou pessoas próximas dos apóstolos. Com o tempo, passou a designar "documento" ou "livro" referente à religião cristã.

Nos séculos I e II d.C., uma grande tradição oral cristã, com o tempo, foi sendo escrita. No entanto, não há como saber qual foi o texto ou textos originais, a fonte primária de todos eles. Talvez, essa fonte jamais tenha existido. Ao que tudo indica, não há nem nunca houve um "Proto-Evangelho" do qual saíram todos os outros. Para se alcançar tudo o que se sabe, ninguém partiu de nenhum "livro-guia", e sim de vários, sendo, na sua maioria, livros obscuros e confusos, quase sem valor histórico ou literário. Com o passar do tempo, eles foram sofrendo sucessivas censuras, quase sem valor histórico ou literário, passando por inserções, eliminações e manipulações feitas com o objetivo de demonstrar a veracidade desta ou daquela seita cristã, que, na época, eram muitas.

Os quatro Evangelhos considerados canônicos (Marcos, Mateus, Lucas e João) foram escritos em linguagem clara e direta, sem oferecer motivos para outras interpretações mais livres. Eles foram escritos após a morte de Jesus. Como disse a compiladora Maria Helena de Oliveira Tricca (1989): "Não apresentam modismos. São perenes".

Por outro lado, os Evangelhos Apócrifos foram redigidos em estilos mais livres, dando margem a outras interpretações. Muitos dos Evangelhos Apócrifos foram queimados por fanáticos religiosos dos primeiros séculos, o que se constitui em uma grande perda para a historiografia das religiões. Mas vários foram salvos por estarem contidos em outras traduções.

Alguns desses Apócrifos foram estudados e aceitos nos primeiros séculos da nossa era. Nessa época, não havia uma igreja estabelecida e institucionalizada. O que havia eram as primitivas seitas cristãs, e, entre elas, pode-se destacar os gnósticos, montanistas, marcionistas, carpocracionistas, marcosianistas, valentinianistas, basilidianistas etc.

Entre os Evangelhos Apócrifos, podem ser destacados os seguintes:

a. Evangelho de Maria Madalena;
b. Evangelho da Virgem Maria;
c. Proto-Evangelho de Tiago;
d. Evangelho de Nicodemos
e. Evangelho do Pseudo-Tomé;
f. Evangelho Árabe da Infância;
g. Excertos do Evangelho Armênio;
h. Livro da Infância do Salvador;
i. A História de José, o Carpinteiro;
j. Evangelho de Bartolomeu;
k. Evangelho de Pedro;
l. Evangelho Segundo Tomé, o Dídimo;
m. Descida de Cristo aos Infernos;
n. Evangelho Esotérico de João.

Nos anos iniciais do cristianismo, havia muitas divergências sobre a natureza de Jesus, uns aceitando e outros negando a sua divindade. Com a expansão do cristianismo a partir do trabalho missionário de Paulo de Tarsos, várias cópias dos Evangelhos diferentes foram enviadas a Roma, que se tornou a sede do cristianismo. Havia, também, divergências quanto ao Antigo Testamento e, para aumentar a confusão, cópias dos Evangelhos Apócrifos. Para sanar tamanhas dúvidas, o papa Damaso, em 384 d.C., confiou a São Gerônimo a gigantesca tarefa de se debruçar sobre aquela grande quantidade de cópias e delas extrair um documento único, uma nova Bíblia, tanto o Velho quanto o Novo Testamento. Essa tradução para o latim deveria, daí por diante, ser a única e reputada Bíblia e tornar-se o "norte" das doutrinas da Igreja Católica. Essa nova versão da Bíblia passou a ser chamada de "Vulgata". Foi um trabalho que exigiu grande esforço e enormes dificuldades. Como disse São Gerônimo, ele se achava em presença de tantos exemplares quantas cópias havia. Essa variedade enorme de textos o obrigou a fazer escolhas e mudanças profundas. No Prefácio da sua Vulgata, ele expôs as suas dificuldades imensas. Eis o que ele escreveu ao papa Damaso (Denis, 2001):

> Da velha obra me obrigais a fazer obra nova. Quereis que, de alguma sorte, me coloque como árbitro entre os exemplares das Escrituras que estão dispersas por todo o mundo, e como diferem entre si, que eu distinga as que estão de acordo com o verdadeiro texto grego. É um perigoso arrijo, da parte de quem deve ser por todos julgados, julgar ele mesmo os outros, querer mudar a língua de um velho e conduzir à infância o mundo já envelhecido.
>
> Qual, de fato, o sábio e mesmo o ignorante que, desde que tiver nas mãos um exemplar (novo), depois de haver percorrido apenas uma vez, vendo que se acha em desacordo com o que está habituado a ler, não se ponha imediatamente a clamar que sou um sacrilégio, um falsário, porque terei tido a audácia de acrescentar, substituir, corrigir alguma coisa nos antigos livros?

1.7 Fatos Mediúnicos na Bíblia

1.7.1 Novo Testamento

a. Aparecimento do Anjo Gabriel (Espírito Superior) à Maria.

Pouco se sabe sobre a Virgem Maria. O que sabemos sobre essa mulher extraordinária é o que consta nos breves relatos do Novo Testamento.

Maria deve ter sido uma bela jovem que nasceu e viveu na Galileia. Ela havia sido prometida em casamento a um carpinteiro chamado José. Certo dia, ela recebeu a visita do Anjo Gabriel e foi saudada por ele com as seguintes palavras:

> 28. Salve! Agraciada; o Senhor é contigo. Bendita és tu entre as mulheres.
>
> 29. Ela, porém, ao ouvir estas palavras, perturbou-se muito e pôs a pensar no que significaria esta saudação.
>
> 30. Mas o Anjo disse: Maria, não temais; porque achaste graça diante de Deus.
>
> 31. Eis que concebereis e darás à luz um filho a quem chamareis pelo nome de Jesus.
>
> 32. Este será grande e será chamado Filho do Altíssimo; e Deus, o Senhor lhe dará o trono de Davi, seu pai;
>
> 33. Ele reinará para sempre sobre a casa de Jacó, e seu reinado não terá fim.
>
> 34. Então disse Maria ao Anjo: como será isto, pois não tenho relações com homem algum?
>
> 35. Respondeu-lhe o Anjo: Descerá sobre ti o Espírito Santo e o poder do Altíssimo te envolverá com a sua sombra; por isso também o ente santo que há de nascer, será chamado Filho de Deus;
>
> 36. E Izabel, tua parente, igualmente conceberá um filho na sua velhice, sendo este já o sexto mês para aquela que diz ser estéril.

37. Porque para Deus não haverá impossíveis em todas as Suas promessas.

38. Então, disse Maria: Aqui está a serva do Senhor, que se cumpra em mim conforme a Tua palavra; E o Anjo se ausentou dela.

Maria visita Isabel

39. Naqueles dias dispondo-se Maria, foi apressadamente à região montanhosa, a uma cidade de Judá.

40. Entrou na casa de Zacarias e saldou Izabel.

41. Ouvindo essa saudação de Maria, a criança estremeceu no ventre; então Izabel ficou possuída do Espírito Santo.

42. E exclamou em voz alta: Bendita és tu entre as mulheres, bendito é o fruto do teu ventre.

43. E de onde me provém que me venha visitar a mãe do meu Senhor?

44. Pois, logo que chegou aos ouvidos a voz da tua saudação, a criança estremeceu de alegria dentro de mim.

45. Bem aventurada a que creu, porque serão cumpridas as palavras que lhe foram ditas da parte do Senhor.

(A Bíblia Sagrada, Lucas 1:28-54, 1960).

Figura 5 – "A Anunciação de Maria", de Fra Angelico (Museu do Prado)

Fonte: https://historiadenossasenhora.wordpress.com/2014/03/20/nossa-senhora-da--anunciacao/. Acesso em: 19 abr. 2024.

Foi poucos meses depois que nasceu Jesus. Como todos sabemos, o casal Maria e José foram para uma manjedoura, onde nasceu Jesus.

b. Obsessão

A obsessão ocorre quando uma pessoa está sendo vítima de um espírito perturbador e não consegue, sozinha, livrar-se dele. Por isso, precisa de ajuda de alguém ou de um grupo de pessoas que possam libertá-la do espírito que a persegue. A seguir, alguns casos de obsessão:

b.1. Cura de um jovem possesso (Marcos, 9: 14-29):

> 14 Quando eles se aproximaram dos discípulos, viram numerosa multidão ao redor e que os escribas discutiam com eles.
>
> 15 E logo toda a multidão, ao ver Jesus, tomada de surpresa, correu para ele e o saudava.
>
> 16 Então, ele interpelou os escribas: Que é que discutíeis com eles?
>
> 17 E um, dentre a multidão, respondeu: Mestre, trouxe-te o meu filho, possesso de um espírito mudo;
>
> 18 e este, onde quer que o apanha, lança-o por terra, e ele espuma, rilha os dentes e vai definhando. Roguei a teus discípulos que o expelissem, e eles não puderam.
>
> 19 Então, Jesus lhes disse: Ó geração incrédula, até quando estarei convosco? Até quando vos sofrerei? Trazei-mo.
>
> 20 E trouxeram-no; quando ele viu a Jesus, o espírito imediatamente o agitou com violência, e, caindo ele por terra, revolvia-se espumando.
>
> 21 Perguntou Jesus ao pai do menino: Há quanto tempo isto lhe sucede? Desde a infância, respondeu;
>
> 22 e muitas vezes o tem lançado no fogo e na água, para o matar; mas, se tu podes alguma coisa, tem compaixão de nós e ajuda-nos.
>
> 23 Ao que lhe respondeu Jesus: Se podes! Tudo é possível ao que crê.

24 E imediatamente o pai do menino exclamou [com lágrimas]: Eu creio! Ajuda-me na minha falta de fé!

25 Vendo Jesus que a multidão concorria, repreendeu o espírito imundo, dizendo-lhe: Espírito mudo e surdo, eu te ordeno: Sai deste jovem e nunca mais tornes a ele.

26 E ele, clamando e agitando-o muito, saiu, deixando-o como se estivesse morto, a ponto de muitos dizerem: Morreu.

27 Mas Jesus, tomando-o pela mão, o ergueu, e ele se levantou.

28 Quando entrou em casa, os seus discípulos lhe perguntaram em particular: Por que não pudemos nós expulsá-lo?

29 Respondeu-lhes: Esta casta não pode sair senão por meio de oração [e jejum].

b.2. Cura de um jovem possesso (Lucas, 9: 37-43):

37 No dia seguinte, ao descerem eles do monte, veio ao encontro de Jesus grande multidão.

38 E eis que, dentre a multidão, surgiu um homem, dizendo em alta voz: Mestre, suplico-te que vejas meu filho, porque é o único;

39 um espírito se apodera dele, e, de repente, o menino grita, e o espírito o atira por terra, convulsiona-o até espumar; e dificilmente o deixa, depois de o ter quebrantado.

40 Roguei aos teus discípulos que o expelissem, mas eles não puderam.

41 Respondeu Jesus: Ó geração incrédula e perversa! Até quando estarei convosco e vos sofrerei? Traze o teu filho.

42 Quando se ia aproximando, o demônio o atirou no chão e o convulsionou; mas Jesus repreendeu o espírito imundo, curou o menino e o entregou a seu pai.

43 E todos ficaram maravilhados ante a majestade de Deus.

b.3. Cura de um leproso por imposição das mãos (Mateus, 8: 1-3):

> 1 Ora, descendo ele do monte, grandes multidões o seguiram.
>
> 2 E eis que um leproso, tendo-se aproximado, adorou-o, dizendo: Senhor, se quiseres, podes purificar-me.
>
> 3 E Jesus, estendendo a mão, tocou-lhe, dizendo: Quero, fica limpo! E imediatamente ele ficou limpo da sua lepra.

b.4. Cura a distância (Mateus, 8: 5-13):

> 5 Tendo Jesus entrado em Cafarnaum, apresentou -se -lhe um centurião, implorando:
>
> 6 Senhor, o meu criado jaz em casa, de cama, paralítico, sofrendo horrivelmente.
>
> 7 Jesus lhe disse: Eu irei curá-lo.
>
> 8 Mas o centurião respondeu: Senhor, não sou digno de que entres em minha casa; mas apenas manda com uma palavra, e o meu rapaz será curado.
>
> 9 Pois também eu sou homem sujeito à autoridade, tenho soldados às minhas ordens e digo a este: vai, e ele vai; e a outro: vem, e ele vem; e ao meu servo: faze isto, e ele o faz.
>
> 10 Ouvindo isto, admirou-se Jesus e disse aos que o seguiam: Em verdade vos afirmo que nem mesmo em Israel achei fé como esta.
>
> 11 Digo-vos que muitos virão do Oriente e do Ocidente e tomarão lugares à mesa com Abraão, Isaque e Jacó no reino dos céus.
>
> 12 Ao passo que os filhos do reino serão lançados para fora, nas trevas; ali haverá choro e ranger de dentes.
>
> 13 Então, disse Jesus ao centurião: Vai-te, e seja feito conforme a tua fé. E, naquela mesma hora, o servo foi curado.

b.5. Mediunidade exercida por meio do sonho (onirofania). A visita dos magos (Mateus, 2: 1-12):

> 1 Tendo Jesus nascido em Belém da Judeia, em dias do rei Herodes, eis que vieram uns magos do Oriente a Jerusalém.
>
> 2 E perguntavam: Onde está o recém-nascido Rei dos judeus? Porque vimos a sua estrela no Oriente e viemos para adorá-lo.
>
> 3 Tendo ouvido isso, alarmou-se o rei Herodes, e, com ele, toda a Jerusalém;
>
> 4 então, convocando todos os principais sacerdotes e escribas do povo, indagava deles onde o Cristo deveria nascer.
>
> 5 Em Belém da Judeia, responderam eles, porque assim está escrito por intermédio do profeta:
>
> 6 E tu, Belém, terra de Judá, não és de modo algum a menor entre as principais de Judá; porque de ti sairá o Guia que há de apascentar a meu povo, Israel.
>
> 7 Com isto, Herodes, tendo chamado secretamente os magos, inquiriu deles com precisão quanto ao tempo em que a estrela aparecera.
>
> 8 E, enviando-os a Belém, disse-lhes: Ide informar-vos cuidadosamente a respeito do menino; e, quando o tiverdes encontrado, avisai-me, para eu também ir adorá-lo.
>
> 9 Depois de ouvirem o rei, partiram; e eis que a estrela que viram no Oriente os precedia, até que, chegando, parou sobre onde estava o menino.
>
> 10 E, vendo eles a estrela, alegraram-se com grande e intenso júbilo.
>
> 11 Entrando na casa, viram o menino com Maria, sua mãe. Prostrando-se, o adoraram; e, abrindo os seus tesouros, entregaram-lhe suas ofertas: ouro, incenso e mirra.
>
> 12 Sendo por divina advertência prevenidos em sonho para não voltarem à presença de Herodes, regressaram por outro caminho a sua terra.

b.6. Transfiguração: é um raro tipo de mediunidade que o médium tem a sua face transfigurada, transformada ou metamorfoseada, talvez, em virtude da ação plasmadora do perispirito da entidade espiritual que se comunica por meio daquele (Mateus, 17: 1-8):

> 1 Seis dias depois, tomou Jesus consigo a Pedro e aos irmãos Tiago e João e os levou, em particular, a um alto monte.
>
> 2 E foi transfigurado diante deles; o seu rosto resplandecia como o sol, e as suas vestes tornaram-se brancas como a luz.
>
> 3 E eis que lhes apareceram Moisés e Elias, falando com ele.
>
> 4 Então, disse Pedro a Jesus: Senhor, bom é estarmos aqui; se queres, farei aqui três tendas; uma será tua, outra para Moisés, outra para Elias.
>
> 5 Falava ele ainda, quando uma nuvem luminosa os envolveu; e eis, vindo da nuvem, uma voz que dizia: Este é o meu Filho amado, em quem me comprazo; a ele ouvi.
>
> 6 Ouvindo-a os discípulos, caíram de bruços, tomados de grande medo.
>
> 7 Aproximando-se deles, tocou-lhes Jesus, dizendo: Erguei-vos e não temais!
>
> 8 Então, eles, levantando os olhos, a ninguém viram, senão Jesus.

Comentário: a nuvem luminosa pode ser interpretada como sendo o "ectoplasma", substância extraída do corpo do médium (Jesus) e usada para a materialização de espíritos. No texto anterior, materializaram-se os espíritos de Moisés e Elias.

b.7. Jesus recomenda aos discípulos exercerem suas faculdades mediúnicas (Mateus, 10: 5-8):

> 5 A estes doze enviou Jesus, dando-lhes as seguintes instruções: Não tomeis rumo aos gentios, nem entreis em cidade de samaritanos;

6 mas, de preferência, procurai as ovelhas perdidas da casa de Israel;

7 e, à medida que seguirdes, pregai que está próximo o reino dos céus.

8 Curai enfermos, ressuscitai mortos, purificai leprosos, expeli demônios; de graça recebestes, de graça dai.

b.8. Diversos tipos de mediunidade (I Coríntios 12: 1-11):

Acerca de dons espirituais

1 A respeito dos dons espirituais, não quero, irmãos, que sejais ignorantes.

2 Sabeis que, outrora, quando éreis gentios, deixáveis conduzir-vos aos ídolos mudos, segundo éreis guiados.

3 Por isso, vos faço compreender que ninguém que fala pelo Espírito de Deus afirma: Anátema, Jesus! Por outro lado, ninguém pode dizer: Senhor Jesus!, senão pelo Espírito Santo.

4 Ora, os dons são diversos, mas o Espírito é o mesmo.

5 E também há diversidade nos serviços, mas o Senhor é o mesmo.

6 E há diversidade nas realizações, mas o mesmo Deus é quem opera tudo em todos.

7 A manifestação do Espírito é concedida a cada um visando a um fim proveitoso.

8 Porque a um é dada, mediante o Espírito, a palavra da sabedoria; e a outro, segundo o mesmo Espírito, a palavra do conhecimento;

9 a outro, no mesmo Espírito, a fé; e a outro, no mesmo Espírito, dons de curar;

10 a outro, operações de milagres; a outro, profecia; a outro, discernimento de espíritos; a um, variedade de línguas; e a outro, capacidade para interpretá-las.

11 Mas um só e o mesmo Espírito realiza todas estas coisas, distribuindo-as, como lhe apraz, a cada um, individualmente.

1.7.2 Antigo Testamento

a.1. Mediunidade onírica (por meio dos sonhos) (Gênesis, 15: 12-13):

> O Senhor entra em aliança com Abraão
>
> 12 Ao pôr do sol, caiu profundo sono sobre Abraão, e grande pavor e cerradas trevas o acometeram;
>
> 13 então, lhe foi dito: Sabe, com certeza, que a tua posteridade será peregrina em terra alheia, e será reduzida à escravidão, e será afligida por quatrocentos anos.

a.2. Consulta ao vidente (I Samuel, 9: 9):

> 9 (Antigamente, em Israel, indo alguém consultar a Deus, dizia: Vinde, vamos ter com o vidente; porque ao profeta de hoje, antigamente, se chamava vidente.)

a.3. Vidência: Abraão tem uma visão (Gênesis, 15: 1):

> 1 Depois destes acontecimentos, veio a palavra do Senhor a Abrão, numa visão, e disse: Não temas, Abrão, eu sou o teu escudo, e teu galardão será sobremodo grande.

a.4. Vidência: Hagar vê um anjo (Espírito Santo) que a adverte (Gênesis, 16: 7-11):

> 7 Tendo-a achado o Anjo do Senhor junto a uma fonte de água no deserto, junto à fonte no caminho de Sur,
>
> 8 disse-lhe: Agar, serva de Sarai, donde vens e para onde vais? Ela respondeu: Fujo da presença de Sarai, minha senhora.

9 Então, lhe disse o Anjo do Senhor: Volta para a tua senhora e humilha-te sob suas mãos.

10 Disse-lhe mais o Anjo do Senhor: Multiplicarei sobremodo a tua descendência, de maneira que, por numerosa, não será contada.

11 Disse-lhe ainda o Anjo do Senhor: Concebeste e darás à luz um filho, a quem chamarás Ismael, porque o Senhor te acudiu na tua aflição.

a.5. Visão do mundo espiritual (Gênesis, 28: 12-13):

A visão da escada [de Jacó]

12 E sonhou: Eis posta na terra uma escada cujo topo atingia o céu; e os anjos de Deus subiam e desciam por ela.

13 Perto dele estava o Senhor e lhe disse: Eu sou o Senhor, Deus de Abraão, teu pai, e Deus de Isaque. A terra em que agora estás deitado, eu ta darei, a ti e à tua descendência.

a.6. A visão da sarça ardente por Moisés (Êxodo, 3: 1-2):

Deus fala com Moisés do meio da sarça ardente

1 Apascentava Moisés o rebanho de Jetro, seu sogro, sacerdote de Midiã; e, levando o rebanho para o lado ocidental do deserto, chegou ao monte de Deus, a Horebe.

2 Apareceu-lhe o Anjo do Senhor numa chama de fogo, no meio de uma sarça; Moisés olhou, e eis que a sarça ardia no fogo e a sarça não se consumia.

Em I Samuel 7, pode-se ler o seguinte sobre mediunidade:

Então disse Saul aos seus servos: Apontai-me uma mulher que seja médium, para que me encontre com ela e a consulte Disseram-

lhe os seus servos: Há uma mulher em En- Dor que é médium,

São inúmeros os fatos mediúnicos relatados na Bíblia. Enumerá-los está fora do escopo deste livro.

1.8 Os Primórdio do Espiritismo

1.8.1 Edward Irving

Edward Irving nasceu na Escócia em 4 de agosto de 1792 e faleceu em 7 de dezembro de 1834. Foi ministro religioso escocês e fundador do movimento restauracionista que leva o seu nome. Ele nasceu em Annan, sendo educado na Universidade de Edimburgo, onde se tornou ministro da Igreja da Escócia em 1821. Foi um orador eloquente, arrebatando o público presente em seus sermões. Seus seguidores fundaram, sob sua inspiração, o "Holy Catholic Apostolic Church", com o objetivo de divulgar as mensagens bíblicas entre católicos, protestantes e ortodoxos. Admitia e praticava a cura por imposição de mãos, o dom de falar outros idiomas (glossolalia) e outros. Faleceu prematuramente em 1834, aos 42 anos, vítima de tuberculose.

Vale ressaltar que no início de 1830 ocorreram manifestações mediúnicas na Escócia, e, no final de 1831, surgiram, nos cultos realizados em Regent Square, outras manifestações mediúnicas. Irving, acreditando serem tais manifestações oriundas dos "dons do Espírito Santo", recusou-se a proibi-las.

Essas manifestações supranormais consistiam em ruídos inteligíveis, como se fossem grunhidos. Eram sons rápidos, incompreensíveis, uma linguagem inteiramente desconhecida. Diz Arthur Conan Doyle (1960, p. 48) que havia testemunhas que diziam tratar-se de "uma força e um som cheio", e outra dizia: "que pareciam incapazes os dedicados órgãos femininos"; "rebentavam com assombro e terrível fragor". O próprio Irving ficou impressionado com tais sons. Continua Doyle sobre o testemunho de Irving:

> Há na voz um poder de impressionar o coração e dominar o Espírito de maneira que jamais senti. Há uma cadência,

> uma majestade e uma constante grandeza que jamais ousei falar de coisa semelhante. É muito parecido com os mais simples e os mais antigos cantos de serviço da catedral de tal modo que cheguei a pensar que aqueles cantos, cuja reminiscência pode chegar a Ambrósio[5], são as inspiradas preces da Igreja primitiva.

Além dos estranhos ruídos, breves palavras inteligíveis pronunciadas em inglês eram ouvidas. Sussurros também eram escutados.

Os fenômenos citados seriam casos de poltergeist ou RSPK? Os poltergeists (polter = brincalhões; geist = espírito) caracterizam-se pela movimentação estranha de objetos, ruídos e outros fenômenos físicos. Há registros desses casos no século IX (856 d.C.). Poltergeists também são chamados de Recurrent Spontaneous Psycholinesis (RSPK), um tipo de movimentação anômala de objetos que ocorre de modo espontâneo. Os casos de RSPK estão sempre associados à presença de uma jovem (ou de um jovem) na fase pré-adolescente, denominada por Agente Psi. Os leitores interessados nesse tema devem consultar os livros apontados nas Referências.

Edward Irving casou-se, em 1823, com Isabella Martin, com a qual teve sete filhos, quatro deles morreram na infância. É importante destacar que o período no qual Irving viveu era marcado por grande fanatismo religioso, de caráter bíblico e cristão. Ele pregava que o retorno de Jesus Cristo era eminente, dizendo sempre que todos deveriam "buscar o Senhor". Assim, ele pedia um derramamento do Espírito Santo.

Em 1833, após ser julgado pela Assembleia Geral da Igreja da Escócia, Irving foi deposto de seu ministério.

---

[5] *Aurélio Ambrósio (Santo Aurélio) foi bispo de Mediolano em 374 e um dos mais influentes padres da Igreja no século IV. A ele se atribui a promoção do "canto antifonal".*

1.8.2 Andrew Jackson Davis

Andrew Jackson Davis era de origem humilde, tendo nascido em um vilarejo às margens do Rio Hudson. Seu pai era alcoólatra e não tinha emprego fixo. Sua mãe era quase analfabeta e uma pessoa muito religiosa. A família mudava-se constantemente de cidade em virtude de problemas financeiros. Isso impossibilitou que Davis frequentasse a escola regularmente, tendo estudado ao longo da sua vida por apenas poucos anos. Para complementar a escassa renda familiar, o jovem Davis tornou-se aprendiz de sapateiro.

Davis nasceu em Blooming Grove, New York, em 11 de agosto de 1826, e faleceu em Watertown, Massachusetts, em 13 de janeiro de 1910. Foi um sensitivo notável, possuindo dons de clarividência e profetismo, além de médium poderoso. Escreveu o livro The Principles os Nature, Her Divine Revelation and Voice to Mankind, entre outros.

Aos 12 anos, mudou-se com a família para a cidade de Poughkeepsie. Aos 17 anos, ouviu uma palestra proferida pelo Dr. Grimes, médico e professor do Castleton Medical College, o que despertou nele interesse sobre os estudos de Frans Anton Mesmer, pesquisador do "magnetismo animal", empregado no tratamento da cura de diversas enfermidades. De início, Davis não obteve muito sucesso ao aplicar essa técnica.

Em transe, Davis era notável, quando, então, apareciam-lhe os dons de clarividência. Nessas ocasiões, poderia falar sobre diversos temas complexos, como assuntos filosóficos, psicológicos, política, saúde e educação. Podia realizar diagnósticos e prescrever medicamentos e tratamentos eficazes. Dizia Davis que, durante os seus transes, os corpos dos enfermos tornavam-se transparentes, podendo Davis fazer diagnósticos de acordo com a cor dos órgãos internos. Alegava ele que seu dom de cura tinha origem na sua testa, entre as sobrancelhas (Ajña Chakra).

No ano de 1844, em 6 de março, Davis dizia ter sido envolvido por uma "força" espiritual que o teria feito levitar, levando-o a "sobrevoar" em estado de elevação espiritual, desde Poughkeepsie até os montes Catskill, distantes 60 km. Ali, Davis teria tido um encontro com dois espíritos de pessoas idosas. Um desses espíritos foi por ele identificado como sendo o famoso médico galeno e místico sueco Emanuel Swedenborg. Deles, recebeu conhecimentos sobre medicina e filosofia espiritualista, experimentando elevada expansão de consciência, um estado de iluminação espiritual. Posteriormente, em 1846, Davis, um jovem de 20 anos, começou a ditar um livro sobre seus transes místicos. O livro foi publicado em 1847, um ano depois de ser iniciado. O livro continha temas espiritualistas diversos, incluindo tópicos com os sete planos de realidade, astronomia, química, filosofia, política, física e saúde mental.

Depois de alguns anos, Davis abandonou a profissão de sapateiro, dedicando-se em tempo integral ao tratamento espiritual das pessoas que o procuravam em busca da cura e às suas atividades de escritor.

Davis foi muito influenciado pelas ideias de Emanuel Swedenborg e pelo grupo de religiosos conhecidos por Shakers. Ele escreveu os seguintes livros:

- The Principles of Nature Her Divine Revelations, and a Voice to Mankind (1847);
- The Great Harmonia (1850-1861);
- The Philosophy of Special Providence (1850);
- The Magic Staff: an Autobiography (1857);
- A Stellar Key to the Summer Land (1868);
- Views of Our Heavenly Home (1878).

1.8.3 As irmãs Fox

Arthur Conan Doyle denominou a “enxurrada” de mensagens espirituais ocorridas desde meados do século XIX até início do século XX de “invasão organizada” (Doyle, 1960, p. 33). Diz Doyle:

> A única diferença entre esses episódios e o moderno movimento é que aqueles podem ser apresentados como casos esporádicos de extraviados de uma esfera qualquer, enquanto os últimos têm as características de uma invasão organizada.

Em março de 1848, batidas misteriosas foram escutadas na porta de uma pequena casa localizada nos EUA, precisamente em Hydesville, um vilarejo típico do estado de Nova Iorque. A notícia logo se espalhou, alvoroçando a comunidade local.

Figura 6 – Casa da família Fox em Hydesville

Fonte: https://centrowhite.unasp.br/downloads/imagens/casa-das-irmas-fox/. Acesso em: 19 abr. 2024.

Figura 7 – Foto das irmãs Fox (Margaret Fox, "Maggie", Katherine Fox, "Kate", e Leah Fox, da esquerda para a direita)

Fonte: litografia cedida pelo Departamento de Livros Raros e Coleções Especiais da Biblioteca da Universidade de Rochester

As irmãs Fox foram três mulheres norte-americanas que tiveram um papel de destaque na origem do “Moderno Espiritualismo Ocidental”. Essas irmãs foram Katherine Fox, “Kate” (1837-1892); Leah Fox (1814-1890); e Margaret Fox, “Maggie” (1833-1893). Elas tiveram grande sucesso durante muitos anos, atuando como médiuns. A irmãs diziam-se capazes de se comunicar com espíritos que se manifestavam por meio de batidas, “raps” ou tipologia.

No dia 11 de dezembro de 1847, a família Fox, de origem canadense, passou a residir em uma casa alugada de madeira bastante modesta, localizada no povoado de Hydesville, no estado de Nova Iorque, próximo à cidade de Rochester. A família era formada pelo pai, sr. John D. Fox, a esposa, sra. Margareth (14 anos), e Leah Fox, que era a mais velha e que residia em Rochester.

A casa tinha a fama de ser mal-assombrada, e a partir do mês de março, apareceram sons de origem desconhecida, caracterizados por batidas e pelo arrastar de mobília. Sobre esses estranhos sons, o jornalista E. E. Lews publicou um pequeno livro sobre ruídos, cujo título é A Report of Mysterious Noises Heard in the House of Mr. John D. Fox, in Hydesville, Arcadia, Wayne Country, Authentical by Certificates and Confirmed by the Statements of the Citizens of that Place and Vicinit (Relatório dos ruídos misteriosos ouvidos na casa do Sr. John D. Fox, em Hydesville, Arcadia, condado de Wayne, autenticado por certificados e confirmado por declarações de cidadãos daquela localidade e vizinhança) (Weisberg, 2011, p. 38). Nesse documento, há relatos dos fatos da família. Nele se pode ler: “Soava como se alguém dando batidas no chão do quarto ao oeste da casa”.

Os ruídos aconteciam sempre à noite, logo após a família se recolher. “A família toda dormia junta naquele quarto, e todos ouviam o barulho”, afirmou Margareth, dizendo que a família era composta de quatro e, às vezes, cinco pessoas (Weisberg, 2011, p. 38).

No dia 31 de março, as batidas prosseguiram, e foi combinado um “código” com o suposto espírito, que disse ser um mascate chamado Charles B. Rosma, que teria sido assassinado cinco anos antes e enterrado no porão. Não havia registro de pessoas desaparecidas na cidade há cinco anos. Essa informação foi dada no mês de abril. O código das comunicações era constituído por batidas em ordem alfabética. O assassino teria sido um antigo inquilino. Posteriormente, em 1848, a adega foi escavada e foram encontrados os despojos do suposto assassinado, a uma profundidade de 1,5 m. Os restos mortais eram compostos de fragmentos de ossos, que, após examinados por um médico, afirmou tratar-se de vestígios de ossada humana. Também havia cabelos.

Assim, surgiu o movimento espírita nos EUA. Além das batidas, outros supostos fenômenos mediúnicos aconteceram, como a capacidade de produzir luzes, psicografia, materialização de espíritos e Poltergeist.

Em 1851, a sra. Norman Culver, parente dos Fox, admitiu, mediante declaração assinada por ela, que havia ajudado a família durante sessões espíritas a "estalar" os dedos dos pés, usando joelhos e tornozelos, ou seja, tudo não passou de uma grande fraude. A frustração foi enorme e, assim, as irmãs Kate e Margareth tornaram-se alcoólatras. Em 1888, um repórter ofereceu US$ 1.500 para elas declararem os métodos que usaram para produzir as batidas. Diante de uma audiência de 2 mil pessoas, Margareth teria "demonstrado" como havia produzido os raps audíveis, assinando uma declaração sobre isso. O caso passou à história como uma grande fraude.

Fraude ou verdade, o mistério das irmãs Fox continua. Como podem ter fraudado durante 40 anos? Talvez a resposta esteja no meio: os fatos foram parcialmente verdadeiros e, às vezes, fraudados. O poder psíquico diminui ou não, e nas fases de declínio, os sensitivos apelam para a fraude. As irmãs Fox tiveram um triste fim, como também o teve o médium Henry Slade e outros. Exceto Leah, que escapou à acusação de fraude, pois abandonou as irmãs.

Ao que parece, Kate e Margareth eram agentes Psi. Podem ter fraudado por várias razões. Foram perseguidas, humilhadas, quase destruídas. Mas foram precursoras do Espiritismo. Afinal, a ossada do mascate foi encontrada!

1.8.4 Emanuel Swedenborg

Figura 8 – Emanuel Swedenborg

Fonte: https://www.britannica.com/biography/Emanuel-Swedenborg/His-theology. Acesso em: 19 abr. 2024.

Emanuel Swedenborg foi um místico nascido na Suécia. Médium e polímata, inventor e filósofo, nasceu em 29 de janeiro de 1688, tendo falecido em 29 de março de 1772. Era filho de Jesper Swedenborg, pastor luterano, e de Sarah Behm Swedenborg. Formou-se em Engenharia de Minas, sendo, também, assessor real para assuntos de mineração. Sua família foi elevada à nobreza pela rainha Ulrica e, como filho mais velho, Emmanuel passou a ocupar lugar no Parlamento sueco, ali sobressaindo-se por muitos anos.

Também sobressaiu-se como professor de Matemática na Universidade de Upsália, destacando-se ainda como anatomista, astrônomo e físico, publicando livros sobre seus estudos. Em virtude das suas realizações, ele foi considerado um herói nacional da Suécia. Após seu falecimento, seu corpo foi levado para permanecer na Catedral de Upsália, sendo ali sepultado.

Emanuel Swedenborg era rico por parte de mãe. Ele praticamente tinha proficiência em todas as áreas do conhecimento científico do seu tempo. Foi quando tinha 56 anos que um fato extraordinário mudou radicalmente a sua vida. Dizia Swedenborg que foi "convocado" pelo Senhor, em 1774, para cumprir uma importante missão espiritual, tornando-se o seu porta-voz, no que se refere à nova interpretação da Bíblia, revelando seu sentido oculto, até então desconhecido. Disse ele que o Senhor lhe apareceu para anunciar suas novas tarefas: os "Segredos do Céu" e suas maravilhas lhe foram reveladas, assim como o inferno e o "Dia do Juízo Final". Segundo declarou Swedenborg, ele foi preparado pelo Senhor desde a infância, progredindo nos conhecimentos científicos como uma espécie de "preparação" inicial para a sua missão.

Foi a partir da data da revelação da sua missão que começou a escrever muito. Por causa das suas concepções teológicas, passou a sofrer grande censura e forte perseguição por parte dos religiosos cristãos suecos, sendo proibida a leitura dos seus livros. Sua sanidade mental chegou a ser posta em dúvida, o que quase prejudicou a sua reputação científica anterior.

Seus livros influenciaram os ideais de pensadores ilustres, como Carlyle, Ralph Waldo Emerson, Balzac, Baudelaire, Helen Keller, William Blake e o argentino Jorge Luis Borges. As crenças expostas por Swedenborg, de certo modo, vão de encontro às concepções do cristianismo, como, por exemplo, um deus formado por Pai, Filho e Espírito Santo, a necessidade da vinda de Jesus para salvar toda a humanidade etc. Por essas e por outras razões, seus livros foram considerados heréticos, apesar de haver sempre dito que era servo de "Nosso Senhor Jesus Cristo".

De acordo com relatos de Swedenborg, ele "via" os espíritos, "falava" com eles, via os diversos planos da realidade, conheceu o inferno e o céu e dizia que tudo isso estava contido na Bíblia. Mas, apesar da forte oposição que sofreu, continuava a escrever continuamente, com muita serenidade e plena convicção de suas ideias e visões.

Nos últimos 27 anos de sua vida, escreveu mais de 40 livros. Foi o primeiro a propor a "hipótese nebular da origem do sistema solar", 50 anos antes de Immanuel Kant e Pierre Simon de Laplace.

Estando em um jantar em Gotemburgo, disse aos presentes às 18 horas que estava acontecendo um grande incêndio em Estocolmo, distante 405 km de onde estava e que a casa de um amigo já havia sido consumida pelas chamas, ameaçando a sua própria residência. Transcorridas 48 horas, relatórios confirmaram a clarividência de Swedenborg.

John Wesley (1703-1791) era metodista e muito conhecia Swedenborg. Em fevereiro de 1771, recebeu uma carta de Swedenborg informando-o de que o mundo espiritual, ciente dessa vontade, sugeriu tomar a iniciativa de lhe escrever uma carta, convidando-o para um encontro. Wesley leu a carta do vidente em presença de algumas pessoas e depois escreveu uma resposta a Swedenborg informando-lhe que teria grande satisfação em recebê-lo em Londres no prazo de seis meses, quando retornaria de uma viagem já planejada.

Swedenborg respondeu, informando-o de que o encontro foi marcado muito tarde, uma vez que ele, Emmanuel Swedenborg, iria falecer no dia 29 do mês seguinte "para não mais retornar".

Swedenborg faleceu logo depois, em 29 de março de 1772, cumprindo o que havia proposto.

Swedenborg, entre 1716 e 1718, publicou um periódico científico intitulado "Daedalus Hyperboreus", no qual foram divulgadas as suas invenções sobre mecânica, física e matemática.

Swedenborg falava sueco, holandês, inglês, alemão, hebraico, grego, italiano e latim. Foi organista, criou instrumentos musicais, encadernava livros, dominava as técnicas de relojoaria, gravação em metal, marmoraria, polimento de lentes, jardinagem etc. Publicou a primeira álgebra em língua sueca, escreveu poemas e fábulas.

Em 1714, fez esboços de uma máquina de voar, o primeiro projeto lógico de um avião.

São inúmeros os fatos mediúnicos ocorridos com Swedenborg e enumerá-los está fora do escopo e do objetivo deste livro.

Sobre espiritualidade bíblica, Swedenborg escreveu os seguintes livros, entre outros:

1. Apocalypse Revealed;
2. Apocalypse Explained;
3. The Arcana Celestia;
4. Heaven and Hell;
5. Intercourse Between the Soul and the Body;
6. The True Christian Religion;
7. Cannous of the New Church;
8. The Last Judgment;
9. Conjugal Law;
10. Divine Love and Wisdom;
11. Divine Providence;
12. The Four Doutrines;
13. Miscelloneous;
14. Theological Works;
15. Posthumus Theological Works;
16. Angelic Wisdom.

1.8.4 Allan Kardec

Figura 9 – Allan Kardec

Fonte: https://pt.wikipedia.org/wiki/Allan_Kardec#/media/Ficheiro:Photo_Kardec.jpg. Acesso em: 19 abr. 2024.

Allan Kardec é o pseudônimo de Hippolyte Léon Denizard Rivail, nascido em Lyon no dia 3 de outubro de 1804, falecendo em Paris, no dia 31 de março de 1869, vítima do rompimento de um aneurisma. Ele foi discípulo do reformador educacional suíço Johann Heinrich Pestalozzi.

O professor Hippolyte nasceu em uma família de tradição católica e de orientação para a advocacia e a magistratura. Ainda jovem, dedicou-se ao estudo da Filosofia e das ciências, em Yverdon-les-Bains, na Suíça, país de formação protestante. Durante as aulas, notabilizou-se como um dos mais destacados discípulos do pedagogo Pestalozzi, sendo um grande divulgador dos seus métodos de ensino. Ainda na adolescência, por volta dos 14 anos, ensinava, gratuitamente, seus colegas que tinham dificuldade no aprendizado. Jovem ainda, bacharelou-se em Letras e Ciências aos 18 anos de idade.

Após concluir seus estudos, retornou à França. No seu país de origem, tornou-se membro de algumas sociedades acadêmicas, dentre as quais pode-se destacar o Instituto Histórico de Paris.

Aos 28 anos, em 1832, casou-se com uma mulher um pouco mais velha chamada Amélie Gabrielle Boudet. Em 1824, voltou à Paris, onde publicou um projeto para o aperfeiçoamento do ensino público. Em 1834, tornou-se membro da "Real Academia de Ciências Naturais". Como pedagogo científico, lutou por uma melhor democratização do ensino público. Entre 1835 e 1840, estabeleceu em sua residência cursos gratuitos de Química, Anatomia, Física, Astronomia, entre outros. Como pedagogo, lecionou Anatomia Comparada, Matemática, Fisiologia, Química, Física e Retórica.

Ele foi um polímata, uma vez que a sua brilhante inteligência abarcava quase todas as áreas do conhecimento humano.

A relação de certificados conquistada pelo professor Hippolyte é grande e, entre eles, pode-se destacar os seguintes:

a. Diploma de "Fundador da Sociedade de Previdência dos Diretores de Colégios e Internatos de Paris", em 1829;

b. Diploma do Instituto de Histórico, criado em 24 de dezembro de 1833;

c. Diploma da Sociedade de Instrução Elementar, em 1847;

d. Medalha de ouro pelo primeiro prêmio, conferida pela Sociedade Real de Arrás, em concurso realizado em 1831, sobre ensino e educação;

e. Diploma da Sociedade Francesa de Estatística Universal;

f. Diploma dado pela Sociedade de Incentivo à Indústria Nacional;

g. Diploma da Sociedade de Emulação e de Agricultura, em 1828;

h. Diploma da Sociedade Gramatical, fundada em Paris, em 1807;

Os restos mortais do professor Hippolyte encontram-se no Cemitério Père Lachaise, em Paris.

Capítulo 2:

INTRODUÇÃO AO ESTUDO DO LIVRO TIBETANO DOS MORTOS

Não pensamento, não visão, não cor. É vazio. Esse vazio não é o noda. O intelecto brilhante é silencioso, inabalável e cheio de felicidade. Este é o estado da perfeita iluminação, a final assimilação da Clara Luz
(Bardo Thodöl)

Médium é uma pessoa que serve de intermediária entre os mundos material e espiritual. Mediunidade é a palavra que serve para designar a capacidade humana que possibilita a comunicação entre seres encarnados e desencarnados. Essa faculdade se manifesta em todas as pessoas, de modo mais ou menos intenso. Independe da classe social, da religião, raça ou sexo. Como é intrínseca aos seres humanos — principalmente —, pode também aparecer em qualquer momento ou local. Há vários tipos de mediunidades, que serão descritas no capítulo seguinte.

O Livro Tibetano dos Mortos, ou "Bardo Thodöl", é um texto para ser lido à cabeceira dos moribundos, por um lama (sacerdote do budismo tibetano). A obra tem por objetivo guiar ou orientar a alma do morto na sua nova vida, no mundo dos mortos, como será abordado neste capítulo. O lama que tem esse poder ou faculdade é um tipo especial de médium, que não existe na nossa cultura ocidental.

O Livro Tibetano dos Mortos é também chamado de "A Grande Libertação pela Auscultação Durante os Estados Intermediários". Trata-se de um livro sapiencial tibetano e pertence a um grupo de ensinamentos conhecidos por "Dharma Profundo de Sua Libertação Através da Meditação nos Deuses Irados e Pacíficos". No Tibete, é tido como um texto sagrado, cujo objetivo é orientar e guiar a consciência de determinada pessoa por meio dos momentos importantes por ela vivenciados após a morte, no intervalo entre a morte e o renascimento seguinte, ou seja, no intervalo no qual se está morto. Foi redigido para ser lido na cabeceira do moribundo ou defunto por um lama. O texto também tem partes ou capítulos que tratam dos sinais indicativos da chegada da morte e dos rituais que devem ser feitos durante o funeral do corpo. É um livro de grande importância nos rituais de iniciação das escolas budistas do Tibete e pertence à escola Nyingma.

Essa escola foi a primeira do budismo que se desenvolveu no Tibete por volta do século VII ou VIII d.C., por meio dos ensinamentos do mestre Padmasambhava, também conhecido como Guru Rinpoche, o segundo Buda. O Bardo Thodöl é relativamente conhecido no Ocidente, sendo considerado como um dos maiores tesouros espirituais da Terra.

Por volta da metade do século XIV, o monge Karma Lingpa o encontrou na parte interna de uma caverna localizada nas proximidades da cordilheira do Himalaia.

A verdadeira e exata origem da Bardo Thodöl é ignorada. O que há são estimativas aproximadas. O que se sabe é que se trata de uma tradição oral transmitida de mestre a discípulos ao longo do tempo, não havendo registros das suas fontes.

O budismo chegou ao Tibete por volta do século VIII durante o reinado de Trisong Detsen (755-797), sendo estabelecido como religião oficial de Estado. Antes dessa chegada, havia no Tibete a religião dos Bön, possivelmente de origem xamânica. Acredita-se que essa religião tenha influenciado a criação do Bardo Thodöl.

O Bardo Thodöl ensina não apenas a guiar a consciência que sobrevive à morte, mas também que se pode morrer de maneira que seja alcançada a "clareza de consciência" e o entendimento sobre o que seja a realidade.

Portanto, o Bardo Thodöl é um livro revelador, afirmando que a alma do falecido sobrevive à morte. Pesquisas modernas sobre

"Experiências Fora do Corpo" (Out of the Body Experiences – OBE) apontam na mesma direção.

Como já foi dito anteriormente e volto a repetir, o texto deve ser lido por um monge (lama) experiente à cabeceira de um moribundo, em voz alta, continuando a ser recitado durante sete semanas (49 dias), mesmo após o falecimento dele. Acreditam os tibetanos que a consciência do morto conserva-se em contato com o lugar no qual ocorreu a morte e, assim, ainda pode captar as mensagens dadas pelo monge nos leitos de morte.

Assim, acreditam os tibetanos que a pessoa falecida pode assimilar o que foi lido e aprender a se orientar na "outra vida", sabendo como se conduzir ali, uma vez que há diferentes estados de consciência na realidade após a morte.

O Livro Tibetano dos Mortos foi primeiramente revelado ao Ocidente pelo professor T. W. Evan-Wentz, investigador da Universidade de Oxford. Ele traduziu e estudou o texto, lançando-o em 1927 com o título Livro Tibetano dos Mortos. O psicólogo suíço Carl Gustav Jung escreveu o prefácio, analisando o livro sob o ponto de vista psicológico, tornando-se seu assíduo leitor, do qual extraiu algumas das suas concepções básicas. Nesse livro, no prefácio, escreveu Jung:

> Todo leitor sério forçosamente irá perguntar-se se estes antigos sábios lamas, afinal de contas, não poderiam ter vislumbrado mesmo outras dimensões, arrancando com isso o véu de um dos maiores mistérios da vida (Jung, 1985).

Segundo o Livro Tibetano dos Mortos, a experiência de atravessar o reino após a morte seria como se a consciência despertasse de um sono profundo. Nessa ocasião, a consciência revive fatos passados, memórias, aparições e visões. Nos diversos planos de realidade pelos quais passa, percebe visões diferentes, algumas assustadoras. O texto recomenda ao falecido que passe todo esse processo com o máximo de tranquilidade possível, com a consciência focada e desperta.

No comentário feito pelo Dalai Lama ao Livro Tibetano dos Mortos, ele diz:

> O importante não é somente a preparação para um futuro nascimento mais elevado, mas também, e num sentido mais fundamental, a preparação pessoal do indivíduo para usar a sua própria morte e os estados a ela subsequentes como meios para alcançar a emancipação da consciência (Dalai Lama apud Graham, 2010).

O Bardo Thodöl nos leva a refletir sobre o que é a realidade, uma vez que advoga o ponto de vista de que as visões e conteúdos que percebe o falecido após a morte são elaborados pela própria mente, sendo, portanto, subjetivos. Assim, no plano da realidade, após a morte, a consciência vivencia a vida que acabou de experimentar, quando ainda encarnada. O que a consciência vê após a morte são suas próprias memórias oriundas da vida que viveu. O texto é muito claro ao advertir que as visões são apenas enumerações da própria consciência.

Para o budismo tibetano, a palavra "Bardo" significa um estado vivenciado pela consciência entre dois outros, que se sucedem. Assim, existe o Bardo do sonho (situado entre dois outros quando está desperto), o Bardo da vida, o Bardo da morte etc. Há seis Bardos principais no budismo tibetano. É o lama que fala ao ouvido do moribundo, dizendo:

> Ó nobre filho, escuta com atenção e sem distração. Há seis Bardos, que são: o estado natural do Bardo durante a concepção; o Bardo do estado onírico; o Bardo de equilíbrio extático na meditação profunda; o Bardo do momento de morte; o Bardo da experiência da realidade; o Bardo do processo inverso da existência samsárica. Tais são os seus estados (Samdup, 1980).

O Bardo Thodöl diz que o morto ou a consciência do morto vê, primeiramente, a "irradiante Clara Luz", uma visão do insight da consciência sobre a sua própria essência, dizendo ainda que o morto não deve se abalar com essa visão, preparando-se para as visões que se seguirão. Ainda segundo o texto, o conteúdo da mente projetado e tornado visível vai depender da cultura, da crença e das criações mentais anteriores. Dessa forma, cada pessoa vai vivenciar experiências diferentes umas das outras. Portanto, as imagens e visões descritas no texto são pertinentes à cultura tibetana, que possui visão característica do que vai acontecer após a morte. Em outras palavras, um ser humano que vive no Tibete terá vivências após a morte típicas dos seus hábitos e costumes religiosos. Os cristãos deverão ter visões sobre o purgatório, o inferno ou ainda do céu e assim por diante.

É possível que as "visões" dos moribundos descritas pelo Bardo Thodöl sejam semelhantes àquelas vivenciadas por pessoas que ingerem substâncias enteógenas ou alucinógenas, como Dimetil Triptamina (DMT), harmina e harmalina contidas na Ayahuasca.

O Livro Tibetano dos Mortos se fundamenta nos seguintes itens:

a. A eternidade da consciência;

b. Planos de existência ou de "realidade", nos quais a consciência pode estar;

c. A Clara Luz Primordial ou essência de consciência;

d. Experiência da Compreensão da Realidade, ou a percepção do vazio essencial (Shunyata), onde há ausência de formas, de espaço, tempo e objetos. É o estado da "perfeita iluminação". Esse vazio não é o nada, mas está pleno de consciência, indescritível, insondável e cheio de felicidade;

e. A Experiência da Verdade. O texto nos diz que a consciência adquire ou pode assumir um estado de elevada transcendência pura, mediante o contato com a Clara Luz;

f. Perda do Ego. Nesse estado, perde-se o corpo sutil (períspirito, linga sharira etc.), restando apenas a consciência pura;

g. O Renascimento. Diz o Bardo Thodöl, juntamente a Isha Upanishad, que o moribundo pode ver tanto suas vidas passadas como a sua existência subsequente:

> É chegado o momento de retornar. Faça a seleção de tua futura personalidade de acordo com os melhores ensinamentos. Escuta bem: os sinais características do nível de existência do porvir, aparecerão ante ti através de sinais premonitórios. Reconheça-os" (Tinoco, 1996, p. 137, versos 15-18).

h. União com o feto: momentos antes do renascimento, a consciência do moribundo se vê compelida e desejosa de unir-se a um feto. Sobre isso, diz o Bardo Thodöl: "Teu estado mental nesse momento vai afetar o seu futuro nível de ser". Essa frase é uma espécie de premonição ou predição em que, antes de reencarnar e antes da fase intrauterina, o estado mental do morto o predispõe psiquicamente a influir na formação do feto seu renascimento e suas tendências futuras.

1. O texto é bastante complexo e obscuro, usando linguagem confusa. Isso indica que foi redigido para ser lido em contextos iniciáticos.

2. No budismo tibetano há um tipo de oráculo que é um médium. Ele atua ajudando pessoas a se informar sobre a "vida" dos mortos e sobre a vida política do Tibete. Sobre esse assunto, recomendo ver o filme Kundum.

Capítulo 3:

O ESPIRITISMO KARDECISTA

– Na vida espírita, reconheceremos o Espírito nosso protetor?

– "Decerto, pois não é raro que o tenhais conhecido antes de encarnardes". (Diálogo entre o Prof. Hippolyte e um espírito).

3.1 Introdução

Na Europa do século XIX, aconteceu um fenômeno curioso que passou a ser conhecido por "Mesas Girantes", "Mesas Falantes" ou "Dança das Mesas". Os salões das casas de classe média europeia se enchiam de pessoas curiosas com a finalidade de testemunhar esses estranhos fenômenos, principalmente em Paris.

Os participantes se reuniam em torno de uma mesa de três pernas conhecida por "pé de galo". Essas mesas podiam ter mais pernas, podendo ser redondas, quadradas ou retangulares, sendo de dimensões relativamente pequenas. Esses participantes colocavam as suas mãos sobre a mesa, aguardando que esta se movimentasse. Após alguns minutos, era isso que acontecia. Acreditava-se que essas mesas serviam como meio de comunicação com o mundo dos espíritos. Códigos eram estabelecidos para que houvesse comunicações entre os dois mundos. Após transcorridos alguns minutos, a mesa se erguia do solo e batia com um dos seus pés sobre o assoalho da casa. Um alfabeto era colocado sobre a mesa, e esta se inclinava na direção de uma das letras, soletrando palavras e frases inteiras, na maioria dos casos, como respostas às perguntas formuladas pelos participantes.

Esse fenômeno foi explicado pelo “Efeito Ideomotor”, o mesmo ocorrendo com o “Tabuleiro Ouija” e a “Brincadeira do Copo”. Em 1853, o físico britânico Michael Faraday publicou um estudo contendo resultados das suas pesquisas sobre essas mesas, na época em que as sessões alcançaram grande popularidade. Ele verificou experimentalmente que as mesas se moviam em virtude do efeito citado anteriormente. Em palestra proferida em 1854, tratou desse tema e, no ano anterior, publicou os resultados das suas investigações sobre as mesas girantes no jornal The Times. Apesar desse estudo, muitas pessoas continuaram e acreditar que os movimentos das mesas eram provocados por espíritos.

O Efeito Ideomotor é caracterizado por movimentos musculares involuntários e inconscientes, o que causaria o movimento das mesas. Esse ponto de vista não contava com a opinião de todas as pessoas.

Em maio de 1855, o Prof. Hippolyte foi convidado a participar de uma sessão com as mesas girantes, o que foi aceito com relutância. Ele ficou aturdido com o que viu e prometeu a si mesmo investigar o fenômeno, “pois nele havia qualquer coisa de sério”, teria dito o professor Hippolyte.

Em 12 de junho de 1856, na casa do Sr. C., o professor Hippolyte (PH) travou um diálogo com o “Espírito da Verdade” (EV), por meio da médium Aline Carloti (Wantuil, 1972, p. 312-314):

> “Bom Espírito, eu desejaria saber o que pensas da missão que alguns espíritos me assinaram. Dize-me, peço-te, se é uma prova para o meu amor próprio. Tenho, como sabes, o maior desejo de contribuir para a propagação da verdade, mas, do papel de simples trabalhador ao de missionário chefe, a distância é grande e não percebo o que possa justificar em mim graça tal, de preferência a tantos outros que possuem talento e qualidades de que não disponho”.
>
> E.V.: “Confirmo o que já te disseram, mas recomendo-te muita discrição, se quiseres sair-te bem. Tomarás mais tarde

conhecimento de coisas que te explicarão o que hora te surpreende. Não esqueças que podes triunfar, como podes falir. Neste último caso, outro te substituiria, porquanto os desígnios de Deus não assentam na cabeça de um homem. Nunca, pois, fales da tua missão; seria a maneira de a fazeres malograr-se. Ela somente pode justificar-se pela obra realizada, e tu ainda nada fizeste. Se o cumprires, os homens saberão reconhecê-lo, cedo ou tarde, visto que pelos frutos é que se verifica a qualidade da árvore".

P.H.: "Nenhum desejo tenho certamente de me vangloriar de uma missão na qual dificilmente creio. Se estou destinado a servir de instrumento aos desígnios da Providência, que ela disponha de mim. Nesse caso, reclamo a tua assistência e a dos bons Espíritos, no sentido de me ajudarem e ampararem na minha tarefa".

E.V.: "A nossa assistência não te faltará, mas será inútil se, de teu lado, não fizeres o que é necessário. Tens livre arbítrio, do qual podes usar como o entenderes. Nenhum homem é constrangido a fazer coisa alguma".

P.H.: "Que causas poderiam determinar o meu malogro? Seria a insuficiência das minhas capacidades?".

E.V.: "Não; mas a missão dos reformadores é prenhe de escolhas e perigos. Previno-te de que é rude a tua, porquanto, se trata de abalar e transformar o mundo inteiro. Não suponha que te baste publicar um livro, dois livros, dez livros, para em seguida ficares tranquilamente em casa. Tens que expor a tua pessoa. Suscitaras contra ti ódios terríveis; teus inimigos encarniçados se conjugarão para a tua perda; ver-te-ás a braços com a malevolência, com a calúnia, com a traição mesma dos que te parecerão os mais dedicados; as tuas melhores instruções serão desprezadas e falseadas; por mais de uma vez sucumbirás sob o peso da fadiga; numa palavra terás de sustentar uma luta quase contínua, com sacrifício de teu repouso, da tua tranquilidade, da tua saúde e até da tua vida, pois, sem isso, viverias muito mais tempo. Ora bem! Não poucos recuam quando, em vez de uma estrada florida, só veem sob os passos, urzes, pedras agudas e serpentes. Para tais missões, não basta a inteligência. Faz-se mister, primeiramente, para agradar Deus,

> humildade, modéstia e desinteresse, visto que Ele abate os orgulhosos, os presunçosos e os ambiciosos. Para lutar contra os homens, são indispensáveis coragem, perseverança e inabalável firmeza. Também são de necessidade prudência e tato, a fim de conduzir as coisas de modo conveniente e não lhes comprometer o êxito com palavras ou medidas intempestivas. Exigem-se, por fim, devotamento, abnegação e disposição a todos os sacrifícios".
>
> "Vês, assim, que a tua missão está subordinada a condições que dependem de ti".
>
> P.H.: "Espírito da Verdade, agradeço os teus sábios conselhos. Aceito tudo, sem restrição e sem ideia preconcebida".
>
> "Senhor! Pois que te dignaste lançar os olhos sobre mim para cumprimento dos teus desígnios, faça-se a tua vontade! Está nas tuas mãos a minha vida; dispõe de teu servo. Reconheço a minha fraqueza diante de tão grande tarefa; a minha boa vontade não desfalecerá, as forças, porém, talvez me traiam. Supre a minha deficiência; dá-me as forças físicas e morais que me forem necessárias. Ampara-me nos momentos difíceis e, com o teu auxílio e dos teus celestes mensageiros, tudo envidarei para corresponder aos teus desígnios".

O professor Hippolyte trabalhou com médiuns do sexo feminino na sua tarefa. Elas foram as seguintes:

a. Julie Boudin (14 anos);

b. Caroline Boudin (16 anos);

c. Ruth Japhet (18 anos);

d. Aline Carlotti (18 anos);

e. Senhora De Plainemaison;

f. Ermance Dufaux (14 anos, que passou a psicografar somente em 1857).

Em certa ocasião, manifestou-se um espírito chamado Zéfiro. Ele disse ao professor Hippolyte que, em uma vida anterior, ele foi um sacerdote celta, chamado Allan Kardec, quando foram amigos. Doravante, o professor Hippolyte passou a assinar as suas obras sobre o Espiritismo com esse pseudônimo. Assim, nascia Allan Kardec.

Figura 10 – Mesa girante

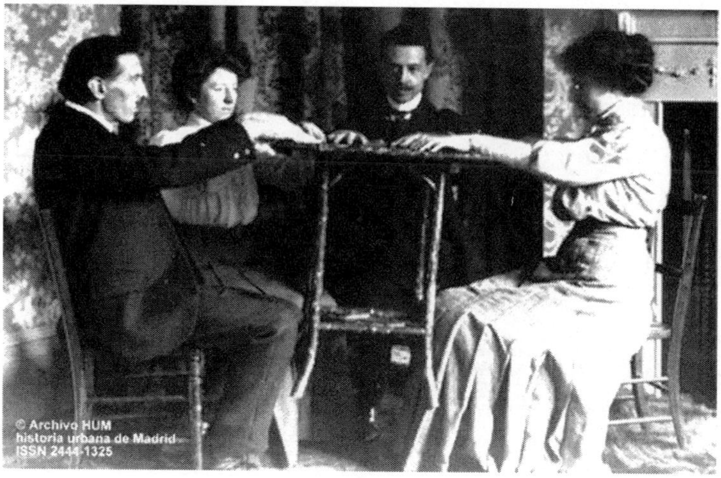

Fonte: http://blog.canoro.com.br/audio-o-livro-dos-mediuns-capitulo-3-o-metodo/. Acesso em: 19 abr. 2024.

O Espiritismo de Allan Kardec, ou "O Espiritismo Kardecista", fundamenta-se nos seguintes princípios:

a) A existência e a unicidade de Deus, recusando o dogma da Santíssima Trindade (Deus, Filho e Espírito Santo). Sobre isso, citaremos a pergunta número 1 e a sua consequente resposta, apresentadas em O Livro dos Espíritos, publicado em Paris no dia 18 de abril de 1857, lançado no Palais Royal, contendo apenas 501 perguntas, que, em edições subsequentes, passou a ter 1.018 perguntas (Kardec, 1972, p. 51).

> Deus e o infinito
>
> Que é Deus?
>
> "Deus é a inteligência suprema, causa primária de todas as coisas"[6].
>
> O universo foi criado por Deus, no qual se incluem todos os seres racionais e irracionais (seres humanos e animais), animados e inanimados, materiais e espirituais, estando todos submetidos à "Lei do Progresso".

Aqui, vale citar a pergunta 23 de O Livro dos Espíritos, já referido (Kardec, 1972, p. 59):

> 23. Que é o Espírito?
>
> "O princípio inteligente do Universo".

b) Existência e imortalidade do Espírito, entendido como individualidade inteligente e criado por Deus, capaz de atuar na matéria, por meio de um corpo fluídico ou "semimaterial" chamado perispírito, que, assim como o espírito, é indestrutível.

Vale, aqui, citar as perguntas 135 e a suas correspondentes respostas (Kardec, 1972, p. 104-105):

> A Alma
>
> 135. Há no homem alguma coisa além da alma e do corpo?
>
> "Há o laço que liga a alma ao corpo".
>
> De que natureza é esse laço?
>
> "Semimaterial, isto é, de natureza intermediária entre o Espírito e o corpo. É preciso que seja assim para que os dois se possam comunicar um com o outro. Por meio desse laço é que o Espírito atua sobre a matéria e reciprocamente".

[6] *O texto colocado entre aspas em seguida às perguntas é a resposta que os Espíritos deram.*

Nota de Allan Kardec:

O homem é, portanto, formado de três partes essenciais:

1º) o corpo ou ser material, análogo ao dos animais e animado pelo mesmo princípio vital;

2º) a alma, Espírito encarnado que tem, no corpo, a sua habitação;

3º) o princípio intermediário, ou perispírito, substância semimaterial que serve de primeiro envoltório ao espírito e liga a alma ao corpo. Tais, num fruto, o gérmen, o perisperma e a casca.

c) Reencarnação. Os Espíritos retornam à vida corporal tantas vezes quanto necessário, como um meio para alcançarem o devido aperfeiçoamento moral e material. No entanto, o Espiritismo Kardecista rejeita a doutrina da metempsicose, ou seja, a transmigração do Espírito de um corpo para outro, mesmo sendo este o de um animal ou vegetal[7]. Caso isso ocorresse, representaria uma involução, o que não acontece pela "Lei do Progresso", referida no item b.

Sobre o tema da volta do Espírito à vida corpórea, é importante citar as perguntas a seguir, também extraídas de O Livro dos Espíritos (Kardec, 1972, p. 195):

> Preludio da volta
>
> 330. Sabem os Espíritos em que época reencarnarão?
>
> "Pressentem-na, como sucede ao cego que se aproxima do fogo. Sabem que têm de retomar um corpo, como sabeis que tendes que morrer um dia, mas ignoram quando isso se dará".
>
> - Então, a reencarnação é uma necessidade da vida espírita, como a morte é da vida corporal?
>
> "Certamente; assim é".

[7] *Sobre a ideia da metempsicose no hinduísmo, podemos citar um verso de Katha Upanishad (apud TINOCO, 1996, p. 170): "II, 2, 7: 'Alguns jivas [almas individuais] entram em úteros para encarnarem como seres vivos, e outros vão para o mundo vegetal, de acordo com suas ações e de acordo com seus conhecimentos'".*

d) Ideia da criação igualitária: todos os espíritos têm uma origem, sendo criados por Deus, simples e ignorantes, estando destinados à perfeição.

Sobre esse assunto, vamos citar a pergunta a seguir (Kardec, 1972, p. 81):

> Origem e natureza dos Espíritos
>
> 78. Os Espíritos tiveram princípio ou existem, como Deus, de toda eternidade?
>
> “Se não tivessem tido princípio, seriam iguais a Deus, quando, ao invés, são criação sua e se acham submetidos à sua vontade. Deus existe de toda eternidade, é incontestável. Quanto, porém, ao modo por que os criou e em que momento o fez, nada sabemos. Podes dizer que não tivemos princípio, se quiseres com isso significar que, sento eterno, Deus há de ter sempre criado ininterruptamente. Mas, quando e como cada um de nós foi feito, repito-te, nenhum o sabe: ai é que está o mistério!” (KARDEC, 1972, p. 95).

> Progressão dos Espíritos
>
> 115. Dos Espíritos, uns terão sido criados bons e outros maus?
>
> “Deus criou todos os Espíritos simples e ignorantes, isto é, sem saber. A cada um deu determinada missão, com o fim de esclarecê-los e de os fazer chegar progressivamente à perfeição, pelo conhecimento da verdade, para aproximá-los de si. Nesta perfeição é que eles encontram a pura e eterna felicidade. Passando pelas provas que Deus lhes impõe é que os Espíritos adquirem aquele conhecimento. Uns aceitam submissos essas provas e chegam mais depressa à meta que lhes foi assinada. Outros só suportam murmurando e, pela falta em que desse modo incorrem, permanecem afastados da perfeição e da prometida felicidade”.

e) Possibilidade de comunicação entre os seres humanos encarnados e os seres espirituais por meio de um médium. Este tópico está relacionado a uma pessoa que é dotada dessa capacidade de intercâmbio com os mortos. Há vários tipos de mediunidade e, dentro delas, pode-se destacar as seguintes:

- Escrita automática ou psicografia: é a capacidade que têm certos médiuns de escreverem mensagens ditadas pelos espíritos;
- Vidência: é a capacidade que possuem certos médiuns de verem os espíritos;
- Audiência: é a capacidade que possuem certos médiuns de "ouvirem" o que os espíritos dizem;
- Transfiguração: é a capacidade que têm alguns médiuns de mudarem a forma dos seus rostos, ficando semelhante àqueles dos espíritos que, por meio deles, comunicam-se;
- Tiptólogos: são os médiuns que possuem a capacidade de os espíritos produzirem ruídos (pancadas) nos locais onde se manifestam;
- - Bicorporeidade ou bilocação: é a capacidade que possuem certos médiuns de se tornarem visíveis em dois lugares simultaneamente. Neste caso, quem aparece no segundo local é o perispírito do médium que ali se "materializa", enquanto seu corpo físico permaneceu visível em outro lugar;
- Desdobramento: é quando o médium tem a capacidade de "sair do corpo" (o seu perispírito) e visitar outros locais, descrevendo-os com exatidão ao retornarem aos seus corpos físicos;
- Médiuns sensitivos: são aqueles suscetíveis de "sentirem" a presença dos espíritos, que pode ser vaga ou clara;
- Médiuns de incorporação: são aqueles por meio dos quais os espíritos falam. Pode ser um processo consciente

(quando o médium está consciente do que acontece) ou inconsciente.

- Médiuns de efeitos básicos: são aqueles de cujos corpos sai uma substância de cor branca ou cinza, usada pelos espíritos para se tornarem visíveis, total ou parcialmente;
- Médiuns curadores: são aqueles que possuem o dom de curar, principalmente pela imposição das mãos sobre os pacientes;
- Médiuns precognitivos: são aqueles capazes de ver o que vai acontecer no futuro;
- Médiuns pintores: são aqueles capazes de pintar quadros, sendo inspirados pelos espíritos;
- Médiuns poliglotas: são aqueles capazes de falar ou escrever em idiomas que lhes são estranhos.
- Há vários tipos de mediunidades, e a leitura sobre esse assunto é vasta.

f) Lei de causa e efeito, entendida como um mecanismo de "retribuição ética universal" a todos os espíritos. De acordo com essa Lei, a nossa condição financeira, social, intelectual e moral resulta dos nossos atos e palavras ditas ou cometidas no passado[8].

g) "Fora da caridade não há salvação" (Kardec, s/d, p. 239-240). Para o Espiritismo Kardecista, a capacidade é caracterizada pela benevolência para com todas as pessoas, principalmente para com os menos favorecidos. É um dos principais objetivos de todas as religiões, principalmente para o cristianismo e o budismo. Além

---

[8] *"Caracteres da lei natural.*
614. Que se deve entender por lei natural?
'A lei natural é a lei de Deus. É a única verdadeira para a felicidade do homem. Indica-lhe o que deve fazer ou deixar de fazer e ele só é infeliz quando dela se afasta'" (Kardec, 1972, p. 305).
"621. Onde está escrita a lei de Deus?
'Na consciência'" (Kardec, 1972, p. 307).

disso, essa frase compreende a tolerância e a indulgência pelas imperfeições morais e o perdão das ofensas.

"Fora da caridade não há salvação" é uma frase que se encontra no livro O Evangelho Segundo o Espiritismo. Nele, pode-se ler as frases:

> A máxima – Fora da caridade não há salvação consagra o princípio da igualdade perante Deus e a da liberdade de consciência. Tendo-a por norma, todos os homens são irmãos e, qualquer que seja a maneira por que adorem o Criador, eles se estendem as mãos e oram uns pelos outros.

h) Pluralidade dos mundos habitados. O nosso mundo, o planeta Terra, não é o único habitado e com vida inteligente no universo.

A vida extraterrestre é aquela que não se origina a partir do nosso planeta. Também é chamada "vida alienígena". Essas formas de vida são ainda hipotéticas, variando desde organismos simples (bactérias e vírus) até seres muito mais complexos, até mesmo superiores aos humanos. A pesquisa da hipótese sobre a vida alienígena é chamada de "Exobiologia" ou "Astrobiologia". Alguns pesquisadores consideram que a vida fora da Terra é uma hipótese plausível, embora ainda não existam evidências da sua existência.

Desde meados do século XX, houve uma constante procura por sinais eletromagnéticos de vida extraterrestre. Radiotelescópios foram construídos com essa finalidade, sem sucesso.

Em 8 de abril de 1960, o astrônomo Frank Drake apontou um radiotelescópio em direção à estrela Tau Ceti, esperando receber algum sinal de vida inteligente fora da Terra, sem nada perceber. Esse fato deu origem ao Projeto Seti (Search for Extraterrestrial Intelligence), ou seja, "Busca por inteligência extraterrestre". Esse projeto tem por objetivo a constante busca por vida inteligente fora da Terra. Uma variante dele é denominada Radio Seti, que visa examinar sinais eletromagnéticos vindos do espaço e de baixa frequência, captados por radiotelescópios (como o de Arecipo), uma vez que esse tipo de sinal não acontece de modo natural e, se for captado, pode ser uma evidência de vida alienígena inteligente.

Estima-se que apenas a nossa galáxia (Via Láctea) contenha entre 200 e 400 bilhões de estrelas. Sabe-se que existem centenas de bilhões de galáxias no Universo, o que nos leva a concluir que o Universo deve conter 10 sextilhões de estrelas.

Chamam-se exoplanetas aqueles planetas que orbitam estrelas além do nosso Sol. A Astrofísica — que os estuda — aponta que alguns deles podem abrigar alguma forma de vida.

Para poder abrigar alguma forma de vida, um planeta deve:

1. Conter água;
2. Ter uma órbita não muito excêntrica (quase circular);
3. Não estar muito distante da sua estrela-mãe (em torno da qual orbita);
4. Não estar muito próximo da estrela-mãe (estar situado na "Zona Habitável");
5. Ter uma atmosfera na qual exista oxigênio, hidrogênio e carbono (não se conhece vida sem o carbono);
6. Estrela-mãe não deve emitir radiações nocivas à vida.

Um planeta localizado na Zona Habitável não tem garantias de ser habitável, e ambientes habitáveis não necessariamente devem conter vida. Esta última pode se desenvolver diretamente em um planeta, ou ser para ele transferida a partir de outro astro, o que se denomina "panspermia".

Uma das luas de Júpiter é denominada Europa. Segundo pesquisas relativamente recentes, Europa seria um dos locais mais promissores do nosso Sistema Solar, sendo capaz de abrigar vida. Ela está localizada alguns centímetros abaixo da superfície. Há outras luas no sistema solar que poderiam abrigar alguma forma de vida, além de Europa. Segundo artigo publicado no periódico Nature Astronomy, Europa possui cadeias de aminoácidos, cujas moléculas integram toda a matéria viva.

No entanto, a busca por vida fora da Terra continua. Na minha modesta opinião, circundando alguns desses 10 sextilhões de estrelas, devem existir planetas, exceto o nosso, nos quais deve haver vida complexa. A presença de vida não necessariamente implica vida inteligente.

Sobre vida fora da Terra, disseram os espíritos a Allan Kardec (1972, p. 69), em O Livro dos Espíritos:

> 55. São habitados todos os globos que se movem no espaço?
>
> Sim e o homem terreno está longe de ser, como supõe, o primeiro em inteligência, em bondade e em perfeição. Entretanto, há homens que se têm por espíritos muito fortes e que imaginam pertencer a este pequenino globo o privilégio de conter seres racionais. Orgulho e vaidade! Julgam que só para eles criou Deus e o Universo.

Nota de Allan Kardec (1972, p. 69):

> Deus povoou de seres vivos os mundos concorrendo todos esses seres para o objetivo final da Providência. Acreditar que só os haja no planeta que habitamos fora duvidar da sabedoria de Deus, que não fez coisa alguma inútil. Certo, a esses mundos há de ele ter dado uma distinção mais séria do que o de nos recrearem a vista. Aliás, nada há, nem na posição física da Terra, que possa induzir à suposição de que ela goze do privilégio de ser habitada, com exclusão de tantos milhares de milhões de mundos semelhantes.

Os espíritos, por meio dos médiuns, disseram o seguinte sobre o planeta Júpiter (Kardec, 1972, p. 128-129):

> Segundo os Espíritos, de todos os mundos que compõem o nosso sistema planetário, a Terra é a de habitantes menos adiantados, física e moralmente. Marte lhe estaria ainda abaixo, sendo-lhe Júpiter superior de muito, a todos os espíritos.

> [...]
>
> Muitos Espíritos, que na terra animaram personalidades conhecidas, disseram estar reencarnados em Júpiter, um dos mundos mais próximos da perfeição e há causado espanto que nesse globo tão adiantado, estivessem homens a quem a opinião geral aqui não estivera tanta elevação.

Allan Kardec era um homem culto. Mas, mesmo assim, não fugiu às injunções do seu tempo. Foi uma pessoa que atribuiu à razão e ao intelecto um valor extremo. Sobre o valor da fé, escreveu Kardec (2021, p. 3): "Fé inabalável só o é o que pode encarar de frente a razão, em todas as épocas da Humanidade".

O planeta Júpiter é um gigante gasoso. Júpiter é o maior planeta do Sistema Solar, tanto em diâmetro quanto em massa, e é o quinto mais próximo do Sol. Ele tem menos de um milésimo da massa solar; contudo, tem 2,5 vezes a massa de todos os outros planetas em conjunto. É um planeta gasoso, assim como Saturno, Urano e Netuno. Tem mais de 80 luas e, na sua superfície, não pode haver nenhuma forma de vida, tal como a que se conhece atualmente. Gigantes gasosos são compostos, principalmente, pelos gases hidrogênio, hélio e metano e, ainda, um pequeno núcleo sólido no interior.

Kardec escreveu os seguintes livros sobre o Espiritismo:

- O Livro dos Espíritos (1857);
- O Livro dos Médiuns (1861);
- O Evangelho Segundo o Espiritismo (1864);
- O céu e o inferno (1865);
- A Gênese (1868) – reunião de anotações de Allan Kardec;
- Obras Póstumas (1890).
- Além dessas obras básicas, há outras, complementares, que são:

- Revista Espírita (1858-1869);
- O que é o Espiritismo? (1859);
- Viagem Espírita (1862) – reúne relatos e transcrição de discursos de Allan Kardec em sua viagem de divulgação pela França. Contém ainda um modelo de Estatuto para as sociedades espíritas.
- Instruções Práticas sobre as Manifestações Espíritas (1858);
- O Espiritismo na sua Expressão mais Simples (1862);
- Resumo da Lei dos Fenômenos Espíritas (1868);
- Catálogo Racional das Obras para se Fundar uma Biblioteca Espírita (1869-maio).

Em que se baseava a confiança de Allan Kardec no seu trabalho? Ele mesmo responde (Kardec, s/d, p. 27):

> Uma só garantia séria existe para o ensino dos Espíritos: a concordância que haja entre as revelações que eles façam espontaneamente, servindo-se de grande número de médiuns estranhos um aos outros e em vários lugares.

3.2 O Espiritismo no Brasil

3.2.1 Introdução Geral

Os pioneiros do Espiritismo em solo brasileiro foram pessoas praticantes da medicina homeopática e que realizavam experiências com o "fluido vital", também conhecido por "magnetismo animal" ou "mesmerismo" (do médico austríaco Franz Anton Mesmer). Entre esses pioneiros, podem ser destacados José Bonifácio de Andrade e Silva, o patriarca da independência do Brasil (e estudioso da homeopatia), Mariano José Pereira da Fonseca, o Marquês de Maricó, autor de estudos de caráter espírita publicados em 1844, e João Vicente Martins, português que aportou em terras brasileiras em 1840.

O movimento mais antigo desses estudiosos e praticantes surgiu na capital do império do Brasil, o Rio de Janeiro. Integravam esse movimento as seguintes pessoas, entre outras: Bernardo José da Gama, Visconde de Goiana; José Cesário de Miranda Ribeiro, Visconde de Uberaba; Pedro de Araújo Lima, Marquês de Olinda; e Alexandre José de Mello Moraes, historiador.

A história do Espiritismo no Brasil pode ser dividida em quatro tópicos principais, de acordo com o autor deste livro:

a) Espiritismo na Bahia

Em torno do ano de 1845, no distrito da Mata de São João, localizado na Província da Bahia, teriam sido registradas as primeiras manifestações de natureza mediúnica. Nessa ocasião, aconteceram escaramuças entre membros da Igreja Católica e um grupo de praticantes do Espiritismo, havendo intervenção policial para as devidas averiguações.

Na capital da Bahia, a cidade de São Salvador ou, simplesmente, Salvador, foi fundado o Conservatório Dramático da Bahia em agosto de 1857, dele participando, entre outros, o jurista Rui Barbosa e Luiz Olímpio Teles de Menezes. Foi nesse local que Luiz Olímpio passou a conhecer fenômenos mediúnicos, o que o levou a manter correspondência com vultos do Espiritismo na França.

Allan Kardec publicou trimestralmente em Paris, entre 1858 e 1869, a La Revue Spirite (A Revista Espírita). Em um dos seus exemplares, foi publicado um artigo cujo título era "O Espiritismo no Brasil". Seu autor informou aos leitores sobre o jornal Diário da Bahia, no qual havia dois artigos que apresentavam uma exposição ridicularizando o assunto.

Foram os próprios espíritas baianos que refutaram esse artigo no próprio Diário da Bahia, na sua edição de 21 de setembro. Essa refutação era um amplo extrato da introdução de O Livro dos Espíritos, de Allan Kardec. O episódio objeto do referido artigo é contemporâneo à fundação em Salvador, do Grupo Familiar do Espiritismo por Luiz Olímpio Teles de Menezes em 1865. Esse pioneiro do Espiritismo no Brasil orientou, nesse ano, a primeira sessão espírita no país.

Figura 11 – Luiz Olímpio Teles de Menezes

Fonte: https://seir.org.br/nascimento-de-luiz-olimpio-teles-de-menezes/. Acesso em: 20 abr. 2024.

Em julho de 1869, em Salvador, foi publicado o primeiro exemplar da revista O Echo d'Além Túmulo. Dirigida por Luiz Olímpio Teles de Menezes, essa foi a primeira revista brasileira sobre o Espiritismo. Já em 1873 foi fundada, em Salvador, a Associação Espírita Brasileira, uma continuação do Grupo Familiar do Espiritismo, e, no ano subsequente ainda em Salvador, foi fundado o Grupo Santa Tereza de Jesus.

Foi na Bahia que foi registrado o começo da contraofensiva da Igreja Católica ao Espiritismo, liderada pelo arcebispo da Arquidiocese de São Salvador em 16 de junho de 1867.

b) O Espiritismo no Rio de Janeiro

As primeiras sessões espíritas ocorridas na capital do Império do Brasil, o Rio de Janeiro, foram realizadas por franceses. Algumas dessas pessoas eram exilados políticos do regime de Napoleão III, na década de 1860. Entre elas, destacam-se Casimir Lieutaud, Adolphe Hubert e o médium Perret Collard. Lieutaud foi o fundador do Colégio Francês do Rio de Janeiro, tendo traduzido para o idioma português o livro O Espiritismo na sua expressão mais simples, de Allan Kardec.

Em 1873, na capital do Império, foi fundada a Sociedade de Estudos Espiríticos — Grupo Confúcio. Segundo os estatutos de Lieutaud, a referida sociedade deveria basear-se em O Livro dos Médiuns de Allan Kardec. Entre as suas atividades, podem ser destacadas o receituário gratuito de homeopatia e a aplicação de "Passes Magnéticos" aos necessitados (a cura pela imposição das mãos). No entanto, a sua principal atividade foi a tradução dos livros de Allan Kardec para a língua portuguesa. A sociedade foi muito combatida pelo Jornal do Comércio, que acusava o Espiritismo de ser uma "fábrica de loucos", pedindo a interferência policial. Em 1875, o Grupo Confúcio publicou o segundo periódico espírita do Brasil, sendo o primeiro do Rio de Janeiro, intitulado Revista Espírita, coordenada por Antônio da Silva Neto. O Grupo Confúcio foi extinto em 1876, surgindo, em seu lugar, a Sociedade de Estudos Espíritas Deus, Cristo e Caridade, presidida por Francisco Leite Bittencourt Sampaio. No referido grupo, surgiram fortes divergências entre os que aceitavam um "Espiritismo Científico" e aqueles que admitiam um "Espiritismo Místico". Dessa dissidência resultou a Congregação Espírita Anjo Ismael. No ano seguinte, em 1878, surgiu o Grupo Espírita Caridade. Ambos tiveram curta duração, desaparecendo em 1879. Ainda nesse mesmo ano surgiu a Sociedade Acadêmica Deus, Cristo e Caridade, de orientação "cientificista", se opondo ao caráter religioso do Espiritismo. Sob a orientação do médium João Gonçalves do Nascimento e sob a inspiração do "espírito Ismael", surgiu, em 1880, o Grupo Espírito Fraternidade, de orientação mística. Posteriormente, após proveitosas sessões, o grupo passou a se chamar Grupo Ismael, passando a fazer parte integrante da Federação Espírita Brasileira, que coordena o movimento Espírita no Brasil até os dias atuais.

Por essa época, os espíritas brasileiros, talvez por discordância de ideias, criaram várias agremiações espíritas, embora os seus membros desconhecessem os fundamentos básicos do Espiritismo. Havia muita discordância e muita vaidade, uma questão de ego inflado.

Figura 12 – Selo postal do Brasil emitido em comemoração ao centenário da codificação do Espiritismo

Fonte: https://robertoaniche.com.br/2018/02/16/o-espiritismo-na-filatelia-brasileira--1a-parte-allan-kardec/. Acesso em: 20 abr. 2024.

Em 1881, aconteceu o Primeiro Congresso Espírita no Brasil, promovido pela Sociedade Acadêmica Deus, Cristo e Caridade. Em 1883, surge a revista Reformador, órgão oficial da Federação Espírita Brasileira. Nos dias turbulentos que vão desde a abolição da escravatura (13 de maio de 1888) até a Proclamação da República (15 de novembro de 1889), o movimento espírita brasileiro se destacou pelos seguintes fatos:

- No jornal O País foi publicada uma série de artigos do Dr. Adolfo Bezerra de Menezes, político e médico cearense radicado no Rio de Janeiro, sob o pseudônimo de “Max”. Os artigos foram publicados entre 1887 e 1893.

- Henry Slade, famoso médium de efeitos físicos, visitou o Brasil. Esse médium foi estudado minuciosamente pelo físico e astrônomo alemão Johann Karl Friederich Zöllner, que chefiou uma equipe de cientistas nas suas pesquisas com Slade. Essas pesquisas foram realizadas no século XIX e deram origem ao livro de Zöllner intitulado Physica Transcendental. Esse livro foi publicado, primeiramente pela Federação Espírita Brasileira (FEB) e, depois, republicado pela Edicel, em 1966, com o título Provas científicas da sobrevivência. Os fenômenos de efeitos físicos provocados pelo médium Henry Slade levaram o professor Zöllner a formular a hipótese da existência de uma quarta dimensão para o nosso espaço físico, pensamento este retomado pelo engenheiro e parapsicólogo brasileiro Hernani Guimarães Andrade, no seu livro A Teoria Corpuscular do Espírito, publicado em São Paulo no ano de 1958. O espaço de quatro dimensões seria o ambiente no qual se encontram os espíritos.

- Dr. Adolfo Bezerra de Menezes assumiu a presidência da Federação Espírita Brasileira (FEB), sucedendo o Marechal Francisco Raimundo Ewerton Quadros, que a administrou entre 1884 e 1888 por ter sido transferido para a Província de Goiás, uma vez que era militar.

- Mensagem mediúnica de Allan Kardec no Grupo Espírita Fraternidade, convocando os espíritas à fraternidade. Por essa ocasião que se instalou nas dependências da FEB o Centro da União Espírita do Brasil. Nessa fase, assumiu a presidência da FEB Adolfo Bezerra de Menezes. Este agregou à FEB o Grupo dos Humildes, posteriormente chamado Grupo Ismael.

Conta-se que Adolfo Bezerra de Menezes era suficientemente caridoso, que chegou a doar seu anel de formatura a uma senhora muito pobre para que, com sua renda, pudesse comprar seus remédios. Por isso e por outras atitudes de compaixão pelos menos favorecidos, ficou conhecido como "O Médico dos Pobres". Ele nasceu em 29 de agosto de 1831, em Jaguaretama, Ceará, e faleceu em 11 de abril de 1900, no Rio de Janeiro. Os seus restos mortais estão sepultados no Cemitério São Francisco Xavier — Cemitério do Caju —, na referida cidade.

Figura 13 – Dr. Adolfo Bezerra de Menezes

Fonte: https://www.uemmg.org.br/biografias/adolfo-bezerra-de-menezes. Acesso em: 20 abr. 2024.

No período republicano, destacam-se as seguintes figuras do Espiritismo Brasileiro: Joaquim Saldanha Marinho (1816-1895); Quintino Bocaiúva (1836-1912); Machado de Assis (1839-1908); Castro Alves, que pensou em escrever uma obra de cunho espírita, que seria a parte final do poema "Os Escravos"; Augusto dos Anjos, que dirigia sessões espíritas e psicografava na cidade onde nasceu; e Alexandre José de Mello Moraes (1816-1882), médico, historiador e político.

c) Época do Estado Novo e do Pacto Áureo

As maiores dissidências no movimento espírita brasileiro tiveram início nas primeiras décadas do século XX. Em 1908, em Niterói, surgiu a Umbanda; o segundo ocorreu na cidade de Santos, em São Paulo, em 1910, chamado "Espiritismo Racional e Científico Cristão".

Foi por volta da década de 1920 que surgiram os primeiros conflitos entre o Espiritismo e a Psiquiatria, fato que só veio a declinar nas décadas de 1950 e 1960, em virtude das pesquisas do sociólogo francês Roger Bastide. Ele apontou os preconceitos etnocêntricos nos seus estudos sobre a sociedade brasileira.

Os médicos recém-formados na Faculdade de Medicina do Rio de Janeiro consideravam o espiritismo uma psicopatologia perigosa e contagiosa, podendo causar incapacidade para o trabalho, devendo, portanto, ser contido pelas autoridades e até extinto por meio de campanhas e propagandas de saúde pública. Esses médicos diziam que o combate ao Espiritismo deveria ser equivalente ao que se fez à sífilis, às drogas — cocaína e ópio —, à lepra, à tuberculose, à verminose e a outras doenças que atacam as energias físicas e mentais da sociedade. De tal monta foi essa perseguição que foi proposta uma Semana Antiespírita, visando informar a sociedade sobre esse "mal". Antonio Xavier de Oliveira, médico e escritor do livro Espiritismo e Loucura (1930), disse que, dentre os casos por ele tratados, 1.723 pacientes enlouqueceram em virtude de estarem engajados em práticas espíritas.

Em 1931, Murilo de Campos e Leonildo Ribeiro publicaram um livro combatendo o Espiritismo. Nesse mesmo ano, o espírito Emmanuel se manifestou ao médium Chico Xavier, dando início a uma tarefa que se prolongaria até a data do falecimento do referido médium. Em 1932, a FEB publicou o livro Parnaso de Além Túmulo, uma coletânea de poemas de autoria de diversos poetas falecidos, o que causou grande repercussão na imprensa brasileira.

Em 1933, foi fundada, em São Paulo, a União Federativa Espírita, ligada à FEB. Nesse mesmo ano, Caibar Schutel iniciou o primeiro programa de rádio espírita no Brasil pela Rádio Cultura de Araraquara, cidade do interior do estado de São Paulo.

O Estado Novo, ou Terceira República, foi o regime político instalado no Brasil por Getúlio Dornelas Vargas em 10 de novembro de 1937, perdurando até 31 de janeiro de 1946. Era caracterizado pela centralização do poder, pelo nacionalismo, pelo anticomunismo e pelo autoritarismo. Esse período passou a ser conhecido como "A Era Vargas". Na verdade, o Brasil passou por um golpe de estado quando Vargas, em pronunciamento em rede nacional de rádio, lançou o "Manifesto à Nação", quando disse que o novo regime tinha por objetivo "reajustar o organismo político às necessidades econômicas do país". Em síntese, era um regime político ditatorial!

Na Era Vargas, ocorreu repressão ao Espiritismo em maior intensidade. A Federação Espírita Brasileira foi fechada pela polícia, sendo reaberta três dias depois por ordem do ministro da Justiça José Carlos de Macedo Soares. No ano seguinte, foi publicado pela FEB um livro psicografado por Chico Xavier e de autoria do espírito Humberto de Campos, sob o título Brasil, Coração do Mundo, Pátria do Engenho, sendo bastante controvertido.

A década foi encerrada com a reforma do Código Penal, momento em que foi abandonada a perseguição ao Espiritismo, em 1940. Apesar disso, no ano seguinte, todos os centros espíritas do Rio de Janeiro foram suspensos mediante uma medida policial, bem como os centros de Umbanda e Candomblé. Quase clandestinamente foi fundada, em 1941, a Sociedade de Medicina e Espiritismo do Rio de Janeiro.

O escritor Monteiro Lobato, durante a Segunda Guerra Mundial, em 1943, realizou sessões espíritas em sua casa, tendo por médium a sua esposa, Dona Purezinha. Um dos recursos ali usados foi o uso do copo, sobre o qual todos colocavam um dedo, prática conhecida por "tabuleiro ouija"

Os dados colhidos nas referidas sessões foram reunidos em livro póstumo sob o título Monteiro Lobato e o Espiritismo. Entre 1946 e 1947, o referido autor realizou sessões espíritas na Argentina durante suas viagens àquele país.

Ainda em 1943, o espírito André Luiz, por meio das faculdades mediúnicas de Francisco Cândido Xavier, iniciou uma série de livros tratando da vida na realidade espiritual. O primeiro livro dessa série é intitulado Nosso Lar, sendo lançado no Rio de Janeiro no ano seguinte.

Em 1945, foi fundado o Hospital Espírita Pedro de Alcântra no Rio de Janeiro. Nesse ano, por iniciativa das federações espíritas, foi dado início a um movimento pela unificação do Espiritismo no Brasil, fato que aconteceu em 1947, durante o Primeiro Congresso

Espírita do Estado de São Paulo. Em virtude dessa movimentação partida de São Paulo, aconteceu, no Rio de Janeiro, um importante evento, ou seja, a aprovação dos 18 tópicos do "Pacto Áureo", que são considerados o mais importante documento do movimento espírita brasileiro acontecido em 5 de outubro de 1949. Esse documento tinha por objetivo unificar todas as federações estaduais sob a tutela da Federação Espírita Brasileira. No ano seguinte, em 1950, foi estabelecido o Conselho Federativo Nacional, formado pelos representantes das citadas instituições adesas. No mesmo ano, partiu do Rio de Janeiro em direção à Região Nordeste do Brasil a Caravana da Fraternidade, o que resultou, entre outras coisas, na ampliação do número de entidades federativas estaduais no Brasil.

Vários acontecimentos ocorreram nas décadas de 1950 e 1960. Entre eles, podem ser citados os seguintes:

1. José Pedro de Freitas, conhecido por "Zé Arigó" recebia o espírito de um médico alemão chamado Dr. Fritz, realizando gratuitamente tratamento mediúnico em milhares de pessoas na cidade mineira de Congonhas. Zé Arigó foi processado judicialmente pela prática ilegal de medicina e feitiçaria em 1958, não sendo libertado em virtude do indulto do presidente Jucelino Kubitchek de Oliveira, cuja filha foi tratada por José Pedro de Freitas.

2. Francisco Cândido Xavier havia escrito o seu centésimo livro psicografado. Ele cedeu os direitos autorais dos seus livros psicografados a instituições de caridade. Ainda, fundou em Uberaba, juntamente ao médium Waldo Vieira, o Centro Espírita Comunhão Espírita Cristã, na qual realizaram grande atividade mediúnica e filantrópica.

3. Em 1958, Chico Xavier sofreu acusação de fraude não comprovada, que, depois, foi retirada pelo seu sobrinho Amauri Pena. Ele esteve envolvido com Waldo Vieira no escândalo das "materializações de Uberaba" em 1964, fato amplamente divulgado pela revista O Cruzeiro, em reportagem de 70 páginas e ilustrada com 87 fotografias durante três meses.

4. Na década de 1950, o padre espanhol Oscar Gonzales Quevedo iniciou uma grande campanha fornecendo uma interpretação parapsicológica do Espiritismo. Esse padre ficou muito conhecido pelo Brasil pelo seu intenso e prolongado combate ao movimento espírita brasileiro, por meio dos seus livros e artigos, sendo duramente contestado por ilustres espíritas do Brasil, como Carlos Imbassahy, Hernani Guimarães Andradc, Herculano Pires e vários outros.

5. Outro importante evento para o movimento espírita brasileiro foi a fundação, no Rio de Janeiro, do Instituto de Cultura Espírita do Brasil pelo sociólogo Deolindo Amorim, em 1957.

Em 1960 foi publicado no Brasil o livro intitulado O Espiritismo no Brasil, do frei Boaventura de Kloppenburg, ativo inimigo do Espiritismo.

Em 13 de dezembro de 1963 foi fundado, na cidade de São Paulo, o Instituto Brasileiro de Pesquisas Psicobiofísicas (IBPP), pelo engenheiro e parapsicólogo Hernani Guimarães Andrade. Este autor foi, durante décadas, um ativo colaborador do IBPP, tendo na pessoa do seu fundador um mestre em Parapsicologia. Publiquei quatro livros e duas monografias sob a orientação arguta do fundador do IBPP.

Em 1968, foi fundada a Associação Médico-Espírita de São Paulo, o que motivou o aparecimento de várias outras associações médico-espíritas no Brasil.

Um fato marcante para o movimento espírita brasileiro foi o programa de televisão da TV Tupi, canal 4 de São Paulo, chamado "Pinga Fogo", realizado na noite de 28 de julho da década de 1970. O programa conseguiu uma audiência histórica na TV brasileira, havendo ainda uma segunda apresentação em dezembro de 1971, também de grande sucesso. Essas apresentações foram constituídas de entrevistas — perguntas e respostas — dadas pelo médium Chico Xavier. Em 1975, foi divulgada a novela espírita A Viagem pela TV Tupi, a qual fez grande sucesso.

A década de 1980 se caracterizou pela campanha de indicação de Chico Xavier para receber o Prêmio Nobel da Paz em 1981 e pelo lançamento, pela FEB, do Estudo Sistematizado da Doutrina Espírita em 1983, uma campanha permanente. Nessa época, a jornalista Else Dubugras apresentou ao público espírita brasileiro o médium Luiz Antônio Gasparetto, famoso pelas suas pinturas e desenhos de artistas plásticos famosos já falecidos. No final da década de 1980, ou em 1989, aconteceu, em Brasília, o Congresso Internacional de Espiritismo.

No aspecto editorial, merece destaque os romances mediúnicos de Zíbia Gasparetto, Mônica de Castro, Marcelo Cézar, Robson Pinheiro e Rubens Saraceni, entre outros.

No século XXI, o movimento espírita brasileiro foi marcado pelo advento da Televisão Espírita, com os canais Rede Visão (2004) e a TV Mundo Maior (2008).

Nesse início de século, apareceram filmes espíritas como:

- Bezerra de Menezes – O Diário de um Espírito (2008);
- Chico Xavier (2010), estrelado por Nelson Xavier e Ângelo Antônio;
- Nosso Lar I (2010) e II (2024), dirigido por Wagner de Assis;
- Cartas Psicografadas por Chico Xavier (2010);
- E a vida continua (2012), dirigido por Paulo Figueiredo, entre outros.

d) Espiritismo no estado do Amazonas

No estado do Amazonas, ou mais precisamente em Manaus, o Espiritismo também teve pioneiros. Escolhi aqui o estado do Amazonas porque vivi durante 28 anos em Manaus, onde me aposentei e fiz inúmeros amigos. Tenho por Manaus e pelo estado do Amazonas uma relação de muito boas lembranças e de grande simpatia. Manaus é muito quente, a temperatura e a umidade são elevadas.

Não poderia me referir neste livro ao movimento espírita em todos os estados do Brasil. Faltam-me dados para tanto. Em Manaus, exerci as funções de vice-presidente e secretário da Federação Espírita Amazonense por mais de quatro anos. Recusei a presidência da referida instituição por me encontrar vivenciando problemas pessoais.

Os pioneiros do Espiritismo no Amazonas foram trabalhadores que iniciaram suas atividades como espíritas na década de 1880. Em 1884, Manaus ainda era uma cidade sem canalização de água e esgoto, quase não tinha calçamento e a iluminação pública era precária e feita por poucos lampiões a querosene, no total de 120 apenas.

Foi nessa época que Manaus viveu a "Época Áurea da Borracha", quando havia grande atividade de exportação do látex para a fabricação da borracha. Esse produto se valorizava cada vez mais e o movimento no "Manaus Harbor" (porto de Manaus) era intenso. Manaus era chamada de "A Paris dos Trópicos".

São raros os dados sobre organizações espíritas no Amazonas. Segundo De Melo (s/d), manifestações espíritas foram observadas na localidade denominada "Freguesia do Moura" próxima a Manaus, de acordo com notícia divulgada no jornal Diário de Belém e transcrita pela revista da FEB, Reformador, em edição de 15 de junho de 1884. Tais fenômenos de efeitos físicos aconteceram na casa do tenente Antônio José Barbosa, que se mudou de Manaus para o referido local. Os citados fenômenos foram testemunhados por quase uma dezena de pessoas.

Entre 1884 e 1885, o periódico Reformador registrou outros fenômenos espíritas que aconteceram em Manaus. Eram fenômenos mediúnicos.

Em 1886, Bernardo Rodrigues de Almeida, cidadão de origem portuguesa, fundou em Manaus o Centro de Propaganda Espírita à Rua São Vicente, n.º 5 — atual Bernardo Ramos. O centro funcionou em pavimento térreo, sendo um dos primeiros centros espíritas de Manaus, onde eram realizadas sessões mediúnicas.

Ainda segundo De Melo (s/d), a Sociedade de Propaganda Espírita foi fundada por 40 pioneiros, alguns deles oriundos do

Centro de Propaganda Espírita, sendo a primeira instituição espírita legalmente reconhecida em Manaus.

Em fins de 1903, apareceu na imprensa de Manaus um convite, que chamou para uma reunião todos os espíritas da cidade para a criação da Sociedade Espírita Amazonense. A Federação Espírita Amazonense[9] foi fundada em 1904.

Figura 14 – Fachada da antiga sede da Federação Espírita Amazonense

Fonte: Acervo do autor

[9] *Especial homenagem devo prestar ao meu saudoso amigo Alfredo Heriques Trigueiro, que presidiu a Federação Espírita Amazonense (FEA) por diversas vezes. Além de amigo, Alfredo foi meu orientador espiritual, orientando-me e aconselhando-me com muita sabedoria.*
Quando militei na FEA como secretário e vice-presidente, comentei todo O Livro dos Espíritos durante quatro anos e meio, quando lia e comentava duas ou três perguntas por semana. Foi um período da minha vida de intensa atividade espiritual.
Ao Alfredo Heriques Trigueiro, as minhas sinceras homenagens e agradecimentos!

Os pioneiros do Espiritismo no Amazonas foram Leonardo Antonio Malcher, Bernardo Rodrigues de Almeida, João Antonio da Silva e Antonio Lucullo.

Figura 15 – Leonardo Antonio Malcher

Il colonnello Leonardo A. Malcher

Fonte: https://www.faknet.org.br/wp-content/uploads/2015/04/Anais-I-Simposio-FAK.pdf. Acesso em: 20 abr. 2024.

3.2.2 Alguns dos grandes médiuns brasileiros

a) Carmine Mirabelli

Também conhecido por Carlo Mirabelli, foi um médium brasileiro de efeitos físicos.

Figura 16 – Carmine Mirabelli

Fonte: https://pt.wikipedia.org/wiki/Carmine_Mirabelli. Acesso em: 20 abr. 2024.

Ele nasceu em 2 de janeiro de 1889, em Botucatu, e faleceu em São Paulo no dia 30 de abril de 1951, aos 62 anos de idade, vítima de atropelamento.

Entre os fenômenos que produzia, destacam-se a levitação, a movimentação paranormal de objetos, a xenoglossia e a materialização de espíritos.

Seu pai for pastor protestante italiano e a sua mãe era uma mulher católica. Ele teve uma irmã dois anos mais nova. Segundo um dos seus biógrafos, o professor Eurico de Goes, Mirabelli frequentou a escola primária por três anos, abandonando os estudos para poder trabalhar no comércio, conseguindo emprego na loja de Calçados Villaça. Entretanto, em virtude da grande força dos fenômenos que aconteciam ao seu redor, em que sapatos "voavam" das prateleiras ou moviam-se sem que ninguém os tocasse, foi obrigado a abandonar o trabalho.

Após pedir demissão do seu emprego, Mirabelli passou a sofrer delírios e obsessões espirituais, fenômenos de efeitos físicos (batidas ou raps) e levitações, o que fez com que seus familiares pensassem que ele estivesse louco, e, assim, foi internado pela família no Hospital Psiquiátrico do Juqueri. Ali, os psiquiatras o submeteram a uma série de testes, ficando admirados com os fenômenos anômalos que aconteciam diante dos seus olhos. Daí, concluíram que não se tratava de loucura e lhe deram alta. Ao sair daquele hospital, Mirabelli passou a trabalhar, exibindo publicamente sua capacidade de produzir fenômenos físicos anômalos. Como naquela época a prática da mediunidade era proibida, a polícia passou a ir em seu encalço. Mirabelli não sabia por que tudo aquilo lhe sucedia. Apesar de não ser espiritualista, alegava ver os espíritos dos pais, de um tio, da sogra e outros.

Muitas pessoas que presenciaram os fenômenos anômalos de Mirabelli os atribuía ao diabo, sendo acusado de estar "possuído pelo demônio", chegando a sofrer agressões nas ruas. A sua casa foi apedrejada por fanáticos religiosos e, com o passar do tempo, foi convidado a participar de sessões espíritas, quando ocorreram fenômenos de levitação, materializações de espíritos e objetos que não pertenciam ao local e desmaterialização de objetos materiais.

Embora na sua juventude ele não conseguisse ter qualquer controle sobre aqueles fenômenos, os objetos eram deslocados em sua volta e das demais pessoas presentes nas sessões. Ao ficar mais idoso, conseguia deter aquelas suas "estranhas energias".

Em 1916, a imprensa paulista voltou-se para Mirabelli, considerando-o um "homem misterioso". Em uma série de reportagens de grande repercussão popular, o jornal Correio Paulistano pode ser destacado como um periódico que defendia o médium, enquanto A Gazeta era contrária a tudo aquilo. Com o passar do tempo, Mirabelli fundou o Centro Espírita São Luiz, em 5 de agosto de 1917.

Em virtude dos fenômenos a ele atribuídos, Mirabelli passou por quatro casamentos. Foi preso várias vezes sob a acusação de exercício ilegal da medicina, furto e outras denúncias. O industrial José de Freitas Tinoco doou uma quantia destinada à compra e à instalação de um local seguro para estudar os fenômenos anômalos que aconteciam em presença de Mirabelli. O local passou a chamar-se Academia César Lombroso. Seu primeiro presidente, o sr. Pereira Castro, conseguiu juntar um bom número de pessoas interessadas em estudar Mirabelli e defender o médium daqueles que buscavam prejudicá-lo. Ali, Mirabelli, que jamais aprendera a pintar, conseguiu reproduzir famosos quadros sem nunca tê-los visto. Chegou a pintar 300 telas, 50 das quais foram transportadas para a Holanda. Além disso, o médium cantava em três tons diferentes, tenor, barítono e baixo, conseguia tocar diversos instrumentos e "transportava" diversos objetos do interior do recinto para o quintal.

Um fenômeno anômalo estranho que aconteceu ali foi uma "chuva de ossos humanos" sobre as pessoas, terminando com a queda misteriosa de uma vasta cabeleira. O esqueleto foi reconhecido como pertencente a uma mulher cujos despojos aguardavam sepultamento. Após esse reconhecimento, os ossos foram enterrados no Cemitério da Quarta Parada, no bairro da Penha, em São Paulo. Os parentes da falecida assinaram a ata daquela reunião.

Mirabelli produzia fenômenos considerados fraudulentos por algumas pessoas. Durante as sessões, "fluidificava" água que serviria de medicamento a alguns dos presentes e distribuía medicamentos gratuitamente. Ele não tinha boa saúde, sofrendo de diabetes. Era considerado uma pessoa eloquente e vivaz, gostava de fumar charutos e cachimbos. Por muitos anos, só conseguia dormir em quartos iluminados, temendo a ocorrência de fenômenos anômalos enquanto dormia. Em um período da sua vida, chegou a cobrar por seus serviços mediúnicos, o que desagradou os "espíritos". Ele não perdeu seus dons com a idade. Há relatos desses fenômenos até meses antes da sua morte, ocorrida em 1951.

Sua morte por atropelamento lhe causou fratura de crânio, que foi o motivo do seu falecimento. Mirabelli foi um médium impressionante!

b) Francisco Cândido Xavier

Francisco Cândido Xavier, ou simplesmente Chico Xavier, nasceu em Pedro Leopoldo, Minas Gerais, no dia 2 de abril de 1910, e faleceu em Uberaba em 30 de junho de 2002. Seu nome de batismo era Francisco de Paula Cândido, uma homenagem ao santo do dia do seu nascimento. Esse nome foi substituído pelo nome paterno Francisco Cândido Xavier, o que foi oficializado em 1966, ao regressar da sua segunda viagem aos Estados Unidos.

Figura 17 – Francisco Cândido Xavier

Fonte: http://www.famososquepartiram.com/2009/11/chico-xavier.html. Acesso em: 20 abr. 2024.

Ele foi considerado por Guy Lyon Playfair (2010) o "médium do século". Foi um importante vulto brasileiro do Espiritismo e da filantropia. Como profissão, foi tecelão e datilógrafo, além de médium. Chico Xavier não cobrava absolutamente nada por seus trabalhos mediúnicos.

Chico dizia ter publicado mais de 450 livros, tendo vendido mais de 50 milhões de exemplares, sendo considerado o escritor brasileiro de maior sucesso comercial da história. Por desprendimento e pela ausência de qualquer tipo de ambição, cedeu todos os direitos autorais dos livros, em cartório, para instituições de caridade. Estima-se que tenha psicografado mais de 10 mil cartas assinadas pelos espíritos dos mortos, sem nada cobrar dos destinatários. Sempre viveu do seu trabalho como vendedor, datilógrafo e tecelão.

Chico recebeu muitas homenagens e honrarias. Entre 1981 e 1982, foi indicado ao Prêmio Nobel da Paz, tendo conseguido em torno de 2 milhões de assinaturas. Em 1999, o governo do estado de Minas Gerais criou a Comenda da Paz Chico Xavier. Em 2012, foi eleito "O Maior Brasileiro de Todos os Tempos", em concurso levado a cabo pelo Sistema Brasileiro de Televisão (SBT) e pela BBC.

Nasceu em família humilde, sendo filho de João Cândido Xavier, vendedor de bilhetes de loteria, e de Maria João de Deus, lavadeira e católica fervorosa, ambos analfabetos. Segundo pensam alguns biógrafos, sua mediunidade teria aflorado aos 4 anos de idade. Sua mãe faleceu quando Chico tinha apenas 5 anos. O pai foi incapaz de criar os seus 14 filhos e, para contornar essa dificuldade, os distribuiu aos parentes. Nos dois anos seguintes, Chico foi criado por sua madrinha, antiga amiga da sua mãe. O nome dessa mulher terrível era Rita de Cássia. Ela vestia Chico de menina, surrando-o todo os dias sem nenhum motivo. Alegava que o garoto "tinha o diabo no corpo". Não contente em surrá-lo com vara de marmelo, passou a cravá-lo com garfos de cozinha no abdômen, não deixando que o menino os retirasse. Chico teve uma infância muito sofrida, e os únicos momentos de tranquilidade que tinha eram as conversas com o espírito de sua falecida mãe, com quem mantinha contato desde os 5 anos de idade. Rita de Cássia era uma mulher desequilibrada, perturbada, apresentando graves distúrbios psíquicos. Ao ser espetado pelos garfos, Chico chorava muito, permanecendo espetado por várias horas, o que lhe provocava sangramentos, quando, então, Chico corria para o quintal de casa. Certa vez, ele foi obrigado por Rita de Cássia a lamber uma ferida crônica que havia na perna do sobrinho, filho adotivo da madrinha, chamado Moacir, durante três sextas-feiras seguidas, de acordo com "simpatias" ensinadas por uma senhora vendedora de frutas ambulante. Contou o Chico que a ferida lhe deixava um gosto amargo na boca. Após a terceira sexta-feira, Moacir ficou curado.

Em 1919, aos 8 ou 9 anos de idade, Chico iniciou seus estudos escolares no Grupo Escolar Pedro Leopoldo. Nessa ocasião, seu pai estava casado com Cidália, uma mulher que chamou de volta Chico e seus irmãos, exceto as irmãs mais velhas, que já eram casadas. Nessa época, ele tinha visões de espíritos e acreditava que eles moravam no arco-íris. Por causa dessas visões, seu pai achava que Chico "não era bom da cabeça" e que o que ele tinha era "coisa do demônio'".

Em 1927, aos 17 anos de idade, Chico presenciou um surto psicótico da sua irmã. Ele acreditou tratar-se de um processo obsessivo espiritual. Esse fato marcou muito a sua vida.

O sr. José Hermínio Perácio foi amigo íntimo do médium Pascoal Comanducci. Referindo-se ao Chico, ele disse (Alves, 2015, p. 69):

> Está cercado de falanges tão poderosas como as que assistiram Jesus. Esse menino assombrará o mundo. Escreverá mediunicamente centena de livros e será intransigente defensor e divulgador do Espiritismo, codificando por Allan Kardec. Viverá muito. Desencarnado, não terá substitutos. Da mesma forma que Jesus, Chico é único no planeta. Só ele, em encarnação posterior, poderá retomar o leme e dar continuidade à obra específica que lhe foi confiada pelo Altíssimo. Poderá ter, em princípio, sucessores. Substitutos, reafirmo, jamais.

A data "oficial" do início dos trabalhos mediunidade de Chico Xavier é 8 de julho de 1927, embora desde criança ele já conversasse com os espíritos.

Pela sua mediunidade, começaram a se manifestar vários falecidos, identificados somente a partir de 1931. No entanto, já em 1928, iniciou a publicação das suas primeiras mensagens recebidas pela sua psicografia, as quais foram publicadas nos periódicos O Jornal, do Rio de Janeiro, e Almanaque de Notícias, de Portugal.

Em 1931, em Pedro Leopoldo, faleceu a sua madrasta Cidália, ocasião em que deu continuidade ao livro Parnaso de Além Túmulo. Nesse ano, foi assinalado o encontro de Chico com o seu mentor espiritual Emmanuel, à sombra de uma árvore e à beira de uma represa (Souto Maior, 2003).

A publicação de Parnaso de Além Túmulo se deu pela Federação Espírita Brasileira (FEB). O livro, uma coletânea de poesias ditadas por espíritos de poetas brasileiros e portugueses, obteve muito sucesso junto à imprensa e à opinião pública do país, causando admiração por entre os literatos do Brasil, que opinaram positivamente. A admiração era ampliada em virtude de ter sido o livro escrito por "simples e modesto escriturário" de um armazém localizado no interior de Minas Gerais, e para aumentar a surpresa, que mal concluíra o curso primário. Ele era escrevente e datilógrafo da Fazenda Modelo da Inspetoria Regional do Serviço de Fomento da Produção Animal. Além disso, ainda conseguia tempo para trabalhar no Centro Espírita Luiz Gonzaga, onde atuava atendendo as pessoas humildes com receitas e conselhos, psicografando mensagens e livros que eram ditados pelos espíritas. O agrônomo Rômulo Joviano foi quem conseguiu o emprego para Chico Xavier, acompanhando-o às sessões do Centro Espírita referido, tornando-se seu presidente. Foi nessa fase da sua vida que Chico Xavier psicografou um dos mais belos e importantes romances, ditado pelo espírito Emmanuel, o que aconteceu nos porões da casa de Joviano. O romance era intitulado Paulo e Estevão (1941).

Na década de 1930, vale destacar a publicação de alguns romances históricos atribuídos ao espírito Emmanuel e o livro intitulado Brasil, Coração do Mundo, Pátria do Evangelho, de autoria do espírito Humberto de Campos, uma revisão da história do Brasil sob o enfoque espiritual. Esse livro resultou em uma ação judicial movida pela viúva do citado escritor, que reivindicava o pagamento dos direitos autorais pelos livros psicografados pelo Chico Xavier, caso ficasse comprovada a verdadeira autoria, mesmo estando falecido o autor. A defesa de Chico Xavier foi custeada pela FEB e resultou na completa absolvição do médium. O juiz decidiu que os direitos autorais deveriam se referir aos direitos da obra reconhecida em vida do autor maranhense, não havendo como julgar pela existência ou não da mediunidade de Chico. Para superar as dificuldades, Humberto de Campos, espírito, passou a assinar seus livros mediúnicos com o pseudônimo "Irmão X".

Os interessados neste tema devem procurar ler o livro de Miguel Timponi (2010) citado nas referências.

Em 1943, Chico iniciou a psicografia da série de livros de autoria do espírito André Luiz, começando com o romance Nosso Lar. Este foi de grande sucesso, dando origem ao filme de mesmo nome, lançado em 2010, quando o romance citado havia vendido mais de 2 milhões de exemplares.

Em virtude da importância do seu trabalho, Chico declarou ter sido tentado de várias maneiras para desacreditá-lo. Ele dizia que inimigos espirituais procuravam atingi-lo com "fluidos negativos". Ele narrou uma tentativa de linchamento pelos espíritos. Disse ainda que foi tentado por jovens nuas, quando estava despido em sua banheira.

Em 1955, Chico conheceu pessoalmente aquele que seria seu parceiro espírita por vários anos, o que pendurou até 1966: o estudante de medicina Waldo Vieira. Juntos, eles psicografaram 17 livros. Entre esses, destacam-se Evolução em Dois Mundos (1959) e Mecanismos de Mediunidade (1960), publicados pela FEB, ambos de autoria do espírito André Luiz, talvez sendo este o médico brasileiro Carlos Chagas, falecido em 1934. Essa versão foi confirmada por Waldo Vieira.

Em 1980, havia aproximadamente 2 mil instituições de caridade, mantidas pelos recursos oriundos dos direitos autorais dos livros psicografados por Chico Xavier e de campanhas beneficentes por ele promovidas.

Chico Xavier faleceu aos 92 anos de idade, no dia 30 de junho de 2012. Segundo relatos de amigos, Chico afirmou que iria desencarnar em um dia em que os brasileiros estivessem muito felizes, ocasião em que o país estivesse em festa! No dia do seu desencarne, o Brasil conquistou a Copa do Mundo de futebol, ao ganhar o jogo contra a Alemanha. Chico morreu em Uberaba, cerca de nove horas antes dessa vitória.

De acordo com a Política Militar de Minas Gerais, cerca de 120 mil pessoas acompanharam o velório de Chico Xavier, ocorrido nos dias 1 e 2 de julho. Em um caminhão do Corpo de Bombeiros, o caixão com o corpo de Chico percorreu cerca de cinco quilômetros até alcançar o Cemitério São João Batista. Ao chegar ao cemitério, foi recebido com uma chuva de pétalas de 3 mil rosas. As pessoas acompanharam o cortejo a pé. Chico fundou o Grupo Espírita da Prece, o Centro Espírita Luiz Gonzaga, em Pedro Leopoldo, e a Comunhão Espírita Cristã, em Uberaba. Todos continuam funcionando e prestando assistência aos mais necessitados.

Vamos concluir com uma frase de Chico Xavier: "Embora ninguém possa voltar atrás e fazer um novo começo, qualquer um pode começar agora e fazer um novo fim".

c) Divaldo Pereira Franco

Figura 18 – Divaldo Pereira Franco

Fonte: https://www.fergs.org.br/single-post/2018/02/23/liberdade-de-consci%C3%AAn-cia. Acesso em: 20 abr. 2024.

Desde a infância, Divaldo Pereira Franco dizia ter o dom de comunicar-se com os mortos. Quando era jovem, sofreu pelo falecimento do seu irmão mais velho, o que o deixou sem o movimento das pernas, em virtude do abalo emocional que sofreu. Em virtude desse problema, foi levado à especialista, sem nenhum resultado satisfatório. Foi por essa época que sua prima conheceu a senhora Ana Ribeiro Borges, que era dotada de faculdades mediúnicas notáveis. Ela trabalhava como médium de um Centro Espírita e foi levada à casa do seu primo Divaldo Franco. A referida médium ajudou o menino Divaldo a libertar-se daquele estado de paralisia, explicando a médium, tratar-se da influência do irmão desencarnado que fora atraído pelo Divaldo, sem o saber. Divaldo foi curado daquele processo obsessivo, o que trouxe alívio tanto para o enfermo como para toda a sua família. A partir daí, Divaldo passou a se interessar pela Doutrina Espírita, dedicando-se ao estudo dela, quando passou a desenvolver suas faculdades mediúnicas.

No dia 5 de maio de 1927, Divaldo Pereira Franco nascia em casa na cidade baiana de Feira de Santana, conhecida, na época, pela venda de gado e pelo intenso fluxo de tropeiros.

Divaldo Franco era filho de Ana Alves Franco, mãe de 12 filhos. Antes do nascimento de Divaldo, o médico da família era da opinião de que a criança poderia nascer com defeito congênito, aconselhando o aborto. No entanto, a criança nasceu normal. O pai de Divaldo era comerciante de fumo, e comprava as folhas de pequenos produtores locais, revendendo-as para armazéns e empresas de exportação. Esse trabalho rendia pouco, permitindo à família levar vida muito modesta. Seu pai chamava-se Francisco.

Dona Ana, sua mãe, trabalhava duro em sua casa. Todo dia cedo, buscava água na fonte, cozinhava e passava a roupa da família. Divaldo era o filho caçula, chamado carinhosamente por "Di". Ele não se lembrava de ter usado roupa nova na sua infância e juventude. Usava uma camisa bastante remendada para passear, o que levou Di a perguntar à sua mãe qual era a cor daquela camisa!

Francisco, o seu pai, era um homem rude, acostumado a lutar pelo pão de cada dia. Era um homem duro, ríspido, raramente demonstrando afeição. Ele estranhava o pequeno Di, sempre voltado às questões religiosas!

As primeiras visões de seres espirituais de Divaldo nunca foram aceitas pelo "Seu Francisco", seu pai, que eram vistas por ele como alucinações, "coisa do diabo", e punidas com rigor. Pessoas conhecidas, sabendo dos dons de Di, o perguntavam com frequência: "Quem está ao meu lado?", "O que está dizendo?", "Você consegue ver a minha falecida mãe?". Divaldo respondia essas indagações com acerto! As pessoas o procuravam com frequência para essas indagações. Em consequência, era surrado pelo seu pai.

"Seu Francisco" morreu nos braços de Divaldo, em 1966, na "Mansão do Caminho", obra social de grande vulto fundada em Salvador no bairro Pau da Lima.

Divaldo mudou-se para a cidade de Salvador no ano de 1945, onde prestou concurso para ingressar no Instituto de Previdência e Assistência dos Servidores do Estado (IPASE), ali ingressando em 5 de dezembro de 1945, na função de escriturário. Já espírita convicto, fundou o Centro Espírita Caminho da Redenção no dia 7 de setembro de 1947.

Desde muito jovem, Divaldo manifestou várias faculdades mediúnicas, que iam desde efeitos físicos até psicografia, psicofonia e outros, destacando-se a psicografia.

Certa vez, recebeu a recomendação para que queimasse tudo o que havia escrito sob a influência dos espíritos, sob a alegação de que não passava de simples exercício.

Sua mentora espiritual é a freira católica Joana de Ângelis, que, em uma das suas vidas passadas, foi Sóror Inés de la Cruz, que viveu no México (Nova Espanha) no século XVII.

Com o passar do tempo, apareceram novas mensagens psicografadas por diversos espíritos, além de Joana de Ângelis. Esta, em 1964, selecionou várias mensagens de sua autoria, que foram publicadas em livro sob o título Messe de Amor. Este foi o primeiro livro publicado pelo Divaldo Franco. Em seguida, Rabindranath Tagore lhe ditou Filigramas de Luz. Vale assinalar que Rabindranath Tagore foi um hindu residente na região de Bengala, na Índia, que recebeu o Prêmio Nobel de Literatura em 1913 pelo seu livreto Gitânjali, coletânea de lindos poemas místicos dedicados ao Absoluto Brahmâm.

O que se seguiu foi um verdadeiro fenômeno editorial. Em 31 anos de atividades mediúnicas, Divaldo publicou 240 livros, com mais de 4,5 milhões de exemplares vendidos. Desses livros, foram realizadas mais 80 edições em 15 idiomas, abrangendo grande variedade de obras literárias em prosa, romances, poemas e narrações, além de temas filosóficos, doutrinários, psicológicos e psiquiátricos. Mais de 215 supostos autores espirituais se manifestaram pela psicografia de Divaldo Franco.

Como orador, suas palestras tiveram início em 1947, com o objetivo de divulgar a Doutrina Espírita, atraindo multidões. Há vários anos, viaja em média mais de 235 dias por ano, realizando conferências e seminários no Brasil e no exterior.

Em 31 de agosto de 2020, no comitê da ONU, Divaldo participou do Primeiro Encontro Mundial da Paz, uma reunião de líderes religiosos de expressão internacional. É considerado um dos maiores divulgadores do Espiritismo no Brasil e no exterior.

Divaldo Franco, quando jovem, sentiu enorme desejo de cuidar de crianças. Até hoje (2024) teria cuidado e educado mais de 700 "filhos adotivos", atualmente emancipados. A maioria deles tem família formada e segue uma profissão. São, entre outras funções, contadores, administradores, professores, psicólogos e médicos. Na década de 1960, foi iniciada a construção das escolas, ou oficinas profissionalizantes e de atendimento à saúde. Atualmente, a Mansão do Caminho é um vasto conjunto de construções em que se pratica a filantropia, atendendo quase 4 mil crianças e jovens carentes, localizada à Rua Jayme Vieira Lima. O local possui quase 85.000 m² e 44 edificações. Uma obra social enorme! Essa obra é mantida basicamente da venda de livros e DVDs com palestras gravadas.

Divaldo Franco recebeu inúmeras homenagens ao longo de sua vida e, para destacá-las, podemos citar as seguintes:

- *Doutor Honoris Causa em Humanidade pela Universidade de Montreal, Canadá;*

- *Doutor em Parapsicologia pela ITI, Universidade de Illinois, EUA;*
- *Doutor Honoris Causa pela Universidade Federal da Bahia;*
- *Medalha de Reconnaissance Franco-Américaine – Classe Especial, pelo Instituto Humaniste, na França;*
- *Diploma de Ordem do Mérito Militar – distinção Federal (Brasil);*
- *Comenda de Paz Chico Xavier, pelo governo de Minas Gerais (Brasil);*
- *Mais de 80 títulos de cidadania honorária conferida por Estados e Municípios Brasileiros em 16 capitais;*
- *Medalha da Câmara Municipal de Leiria (Portugal);*
- *Medalha do Município de Lobito, Angola;*
- *590 homenagens e entidades da sociedade civil organizada (148 de 64 cidades no exterior de 20 países e 442 cidades brasileiras);*
- *Título de Embaixador da Paz pela Embassade Universalle Pour le Peix, em Genebra, na Suíça, em 30 de outubro de 2005, passando Divaldo Franco a ser o duodécimo quinto Embaixador da Paz no Mundo.*

Tive a satisfação de hospedá-lo em minha casa, em Manaus, por três vezes na década de 1970. Mantive com Divaldo pequena correspondência particular. Fui seu apresentador em palestra por ele realizada no monumental Teatro Amazonas, em Manaus, por uma vez.

A obra social de Divaldo é monumental, e ele faz jus aos títulos que recebeu. Uma grande alma!

Figura 19 – Foto de Divaldo Pereira Franco oferecida a este autor em Manaus, o dia 19 de janeiro de 1975

Fonte: Acervo do autor

d) Zé Arigó (José Pedro de Freitas)

Figura 20 – José Arigó

Fonte: http://caminhosdafraternidade.com.br/trabalhos-casa/dr-fritz/. Acesso em: 20 abr. 2024.

José Pedro de Freitas nasceu em Congonha do Campo, cidade do interior de Minas Gerais, em 18 de outubro de 1922, e faleceu na mesma cidade em 11 de janeiro de 1971, sendo um médium de cura brasileiro. Congonha do Campo dista 400 quilômetros ao norte do Rio de Janeiro, sendo famosa em todo o Brasil por dois motivos distintos. Em primeiro lugar, é ali que se encontram alguns dos melhores trabalhos do escultor Aleijadinho, que viveu entre 1738 e 1814, cujo nome verdadeiro era Antônio Francisco Lisboa. Turistas e peregrinos ainda se dirigem ao local para admirar as esculturas do grupo de profetas esculpidas em esteatito ou pedra-sabão, que estão colocadas no adro da Igreja de Bom Jesus de Matosinho, uma maravilhosa obra-prima da arquitetura barroca brasileira construída em 1773.

Outra atração turística era o Centro Espírita Jesus Nazareno, localizada a algumas quadras abaixo da velha igreja. Era um centro espírita muito simples, como muitos outros localizados no Brasil, que chegou a atrair até mil visitantes por dia. Essa pequena multidão vinha atraída pela presença de um homem simples e cordial chamado José Pedro de Freitas, também conhecido pelo apelido Zé Arigó, falecido aos 49 anos de idade em um misterioso acidente automobilístico em janeiro de 1971, na rodovia que liga Belo Horizonte a Brasília, provavelmente vítima de um enfarte seguido de traumatismo craniano. Em sua carreira relativamente breve como médium cirurgião, calcula-se que ele tenha atendido aproximadamente 2 milhões de pessoas de todas as camadas sociais, incluindo um integrante da família do presidente Juscelino Kubitschek de Oliveira, além de personalidades ilustres do mundo artístico e da política, o que aumentou sua reputação e fez com que fosse considerado um dos maiores praticantes do mundo dos seus dons mediúnicos.

Pelo menos seis livros foram escritos sobre Zé Arigó, além de vários artigos em jornais e revistas, durante 15 anos. Ele era notável quando realizava cirurgias, quando “incorporava” o médico e cirurgião da Primeira Guerra Mundial, o Dr. Adolph Fritz. Suas cirurgias eram apavorantes, feitas com canivetes, facas de cozinha e tesouras enferrujadas, testemunhadas a pequena distância por alguns dos principais médicos brasileiros. Para surpresa de todos,

Zé Arigó foi submetido a rigoroso exame por parte de um cientista norte-americano bastante qualificado, o Dr. Andrija Puharich.

O Centro Espírita Jesus Nazareno foi transformado em museu, visitado por este autor e sua esposa em 2014.

Zé Arigó trabalhou na Companhia de Mineração de Ferro e Carvão, ali trabalhando até 1942. Depois trabalhou como servidor do IAPTE, atual INSS, até o final de sua vida. Em 1946, aos 25 anos de idade, casou-se com Arlete André, sua prima em 4º grau. Desse casamento nasceram seis filhos.

À medida que nasciam os filhos do casal, e por volta de 1950, Arigó começou a apresentar fortes dores de cabeça e insônia, passando a ter visões e a falar falando em idioma ignorado por todos os circunstantes. Acreditaram que ele estivesse louco, situação que perdurou por três anos, durante os quais visitou médicos e especialistas sem sucesso.

De acordo com testemunhas e familiares, certo dia, através de um sonho nítido, a voz que o atormentou por três anos se revelou pela presença de um homem calvo, trajando roupas antigas e um avental branco, acompanhado por auxiliares médicos e enfermeiros vistos em uma ampla sala cirúrgica, que apareceu em torno de Zé Arigó. Após o sonho ter se repetido por várias vezes, o personagem louro apresentou-se como sendo o médico alemão Dr. Adolph Fritz, desencarnado sem concluir a sua missão na Terra, daí estar retornando em espírito para concluí-la através de mediunidade de Arigó. Além do Dr. Fritz, sua equipe também o acompanhava. Arigó despertou desse sonho bastante assustado, chorando copiosamente. Procurando por médicos, não encontrou solução para as suas visões.

Posteriormente, sem saber a solução, decidiu atender ao pedido do sonho: encontrando um amigo que era aleijado e andava de muletas, Arigó ordenou-lhe de súbito que atirasse fora aquelas muletas, arrancando-as com as próprias mãos. Em seguida, ordenou ao amigo que andasse normalmente, o que de fato aconteceu. A partir desse momento, aquela “força” passou a usar suas mãos rudes para manipular instrumentos também rudes, em estranhas cirurgias, passando a atender enfermos e necessitados. Assim, teve início a missão espiritual de Zé Arigó.

Apesar de médium espírita, Arigó era católico e continuou com a sua missão. Fundou uma clínica localizada à Rua Marechal Floriano, em Congonhas, chegando a atender até 200 pessoas por dia, vindas de diversos estados brasileiros, da América do Sul, da Europa e dos Estados Unidos. Àquela época, Congonhas chegou a estar ligada a Buenos Aires e a Santiago do Chile por linhas de ônibus diretas e regulares.

Os obstáculos à tarefa mediúnica não se fizeram esperar. A Associação Médica de Minas Gerais o acusou de prática de curandeirismo, pelo que foi condenado a pagar pena de 15 meses de prisão em 1958. No entanto, sua pena foi reduzida à metade, não chegando a ser preso, recebendo indulto pelo então presidente Juscelino, cuja filha foi atendida por Zé Arigó, que lhe diagnosticou dois cálculos renais. Anos depois, responderia a um novo processo, sendo condenado em 18/11/1964. De outro feito, foi detido em Conselheiro Lafaiete (MG) pelo exercício ilegal da medicina. No entanto, apesar dessa condenação, continuou a exercer sua mediunidade dentro do presídio, retornando a Congonhas com maior prestígio.

Voltando ao Dr. Andrija Puharich, Arigó lhe extraiu um lipoma do seu cotovelo esquerdo, em procedimento indolor que levou apenas segundos para ser realizado com um canivete comum. O corte tinha menos de 5 cm, com pouquíssimo sangue, sem inflamação, tendo sido documentado em filme a cores feito pelo escritor e espírita brasileiro Jorge Rizzini. O corte cicatrizou completamente, sem infecção.

Em 1968, Arigó foi investigado por dois médicos norte-americanos que foram a Congonhas, os Drs. Laurence Jalin e P. Aile Breveter, ambos integrantes da William Benk Psychic Foudation. Sem terem uma explicação científica para o “Fenômeno Arigó”, comprovaram que a prática e a atuação do médium estudado estavam corretas, não encontrando ilusionismo ou feitiçaria. Ambos afirmaram que 95% dos diagnósticos eram corretos e, ainda, que as cirurgias realizadas com canivete sem assepsia eram autênticos fenômenos parapsicológicos.

Alguns biógrafos de Arigó declararam que ele teve um sonho profético com um crucifixo preto, o que o levou a acreditar que a sua morte estava próxima. De acordo com o boletim de ocorrência policial, na rodovia BR-040, Zé Arigó, que dirigia um Chevrolet Opala, teria sofrido um infarte do miocárdio, às 12 horas e 30 minutos do dia 11 de janeiro de 1971. Em decorrência disso, seu carro invadiu a contramão, colidindo com uma viatura do Departamento Nacional de Estradas de Rodagem (DNER), causando-lhe a morte por traumatismo cerebral. Morria, assim, um dos maiores médiuns curadores do mundo!

e) Francisco Peixoto Lins (Peixotinho)

Figura 21 – Peixotinho

Fonte: http://www.uemmg.org.br/biografias/francisco-peixoto-lins-peixotinho. Acesso em: 20 abr. 2024.

Francisco Peixoto Lins nasceu em Pacatuba, localizada no estado do Ceará, no dia 1/2/1905. Bem cedo, ficou órfão de pai e mãe e passou a conviver com seus tios maternos da cidade de Fortaleza. Foi matriculado no Seminário Católico, como assim desejaram os seus tios, uma vez que queriam que Francisco seguisse carreira eclesiástica. No entanto, aos 14 anos de idade, ele renunciou a vida de padre católico, sendo punido por sua decisão, uma vez que duvidava dos dogmas da Igreja Católica.

Entre os 15 e os 16 anos, começaram a nele se manifestar os primeiros sinais de sua mediunidade sob a forma de fortíssima obsessão. Os espíritos das trevas tentavam fazê-lo desistir da sua tarefa mediúnica, que, com o tempo, se revelou extraordinária. Nessa fase, quando possuído por terríveis espíritos, Peixotinho era dotado de grande força física, lutando com vários homens que tentavam evitar que se debatesse contra paredes e os móveis da casa, apesar de bastante franzino aos 18 anos de idade.

Depois dessa fase de sua vida, passou a apresentar paralisia, o que o levou a prostar-se na cama por seis meses. Um dos seus vizinhos, que pertencia a uma casa espírita de Fortaleza, pediu permissão à família do jovem para ajudá-lo espiritualmente, aplicando-lhe passes e orações, o que se revelou um tratamento eficaz. Nessa época, Peixotinho começou a ler romances espíritas, depois as obras de Allan Kardec. Passados 30 dias, ele apresentou grande melhora, libertando-se da obsessão que o atormentava.

Com o passar do tempo, já conseguia andar. Daí passou a frequentar o Centro Espírita ao qual pertencia o famoso orador Viana de Carvalho, integrante do Exército Brasileiro. Sob os seus cuidados, Peixotinho desenvolveu a sua mediunidade, transformando-se em um dos mais famosos médiuns de materializações.

Ingressou no serviço militar quando foi transferido para Macaé, cidade do interior do estado do Rio de Janeiro. Naquela cidade, dedicou-se à prática do Espiritismo, quando fundou o Centro Espírita Pedro. Casou-se com Benedita Vieira em 1933, com a qual teve vários filhos.

No Rio de Janeiro, no ano de 1945, teve encontro com vários amigos de seguidores do Espiritismo e, na casa de um deles, frequentou o Culto Cristão no Lar. Peixotinho, Jacques Aboab e

Amadeu Santos resolveram fundar o Grupo Espírita André Luiz. Nele, aconteceram várias manifestações de espíritos.

Peixotinho teve um encontro com o médium mineiro Francisco Cândido Xavier em 1948, em Pedro Leopoldo. Nessa ocasião, teve a oportunidade de proporcionar aos companheiros presentes algumas sessões de materialização.

Em 10 de fevereiro de 1949, Peixotinho e mais duas pessoas desembarcaram em Belo Horizonte, oriundos do Rio de Janeiro, quando perderam o trem que os levaria a Pedro Leopoldo para um encontro com Chico Xavier. Essas três pessoas foram à casa do sr. Jair Soares por recomendação de Rafael Ranieri, em busca da "Pensão da Fraternidade", como era denominada a casa do sr. Jair. Nessa ocasião, chovia torrencialmente e receberam guarida. Peixotinho notou o espírito da irmã Scheilla ao lado da esposa do sr. Jair (Dona Ló), afirmando que esta se encontrava doente com câncer e desenganada pela medicina alopática. Peixotinho percebeu então que a visita a Chico Xavier era um pretexto da espiritualidade para situá-los naquele local. No dia 11 de fevereiro, foi feita uma sessão de materialização de espíritos, em que o ectoplasma fluía, obtendo-se notáveis fenômenos de efeitos físicos.

Em 1949, Peixotinho foi transferido definitivamente para a cidade de Campos, onde participou dos trabalhos do Grupo Joana D'Arc. Ele fundou também o Grupo Espírita Araci, uma homenagem ao seu guia espiritual. Ali, por intermédio de Peixotinho, notáveis materializações foram produzidas.

Peixotinho sofria de broncopneumonia, que lhe causava muitos sofrimentos. Ele faleceu na cidade de Campos, no estado do Rio de Janeiro, em 16 de junho de 1966, aos 61 anos de idade. Morria, assim, um dos maiores médiuns de materialização do Brasil. Deixou a viúva e nove filhos.

f) Antonio Sales

O médium brasileiro Antônio Sales é pouco citado na historiografia do Espiritismo no Brasil. Foi um cirurgião psíquico como foi

Zé Arigó. Nasceu em Caratinga, estado de Minas Gerais, em 1928, ali permanecendo até 1945. Era quase analfabeto, sendo pedreiro.

Começou a desenvolver a mediunidade por volta de 1949, com 21 anos de idade, depois de haver trabalhado na construção de um centro espírita. Iniciou sua carreira como médium no início dos anos 1950, transferindo-se em 1966 para o Centro Espírita Dias da Cruz. Era casado e tinha quatro filhos, três moças e um rapaz.

Apesar de sua luta por não ter instrução escolar, tinha aspecto distinto. Ao fazer as suas cirurgias psíquicas, usava um jaleco branco e equipamento cirúrgico convencional. Nas prateleiras do seu consultório havia medicamentos comuns, organizados e rotulados. Seus antigos pacientes o descreveram como um homem calmo e cordial, ao contrário de Zé Arigó. No entanto, ambos tinham algo em comum, o Dr. Fritz. Infelizmente houve, no Brasil, uma proliferação de doutores Fritzs depois da morte de Arigó. No entanto, Antônio Sales invariavelmente falava com sotaque alemão enquanto operava e passava receitas. Fraude?

Antônio Sales se notabilizou pelas suas cirurgias oculares, que eram também especialidades de Arigó. As suas técnicas cirúrgicas eram mais lentas que as de Arigó.

Nos últimos tempos, Sales pareceu ter sofrido o mesmo destino de Zé Arigó.

Uma devotada médium espírita brasileira que esteve com Sales afirmou que ele era desprovido de todo e qualquer poder psíquico, sendo por ela denominado de "um caso de polícia".

Devemos aqui lembrar que os dons mediúnicos flutuam, ora fortes, ora fracos, e depois ressurgindo. Por esta razão, é possível que Sales tenha sido observado pela médium em uma fase de declínio.

A famosa Society Psychical Research (Sociedade de Pesquisas Psíquicas) de Londres era da opinião de que se devia rejeitar qualquer médium que fosse flagrado fraudando, o que não é a opinião deste autor e de outros investigadores.

O escritor britânico Guy Lyon Playfair, que conheceu Sales, afirmou que ele teve extraordinários poderes mediúnicos. Ao que parece, desde 1971, ele entrou em um período de declínio.

Um médium curador, como qualquer outro, não consegue sucesso estando sob um clima de desconfiança, nada produzindo em uma atmosfera tensa e agitada. Sales vivia em clima de grande instabilidade financeira, o que pode ter levado ao declínio das suas faculdades mediúnicas.

g) Lourival de Freitas

Entre todos os cirurgiões psíquicos brasileiros, Lourival de Freitas merece destaque especial. Tudo o que se disse ou escreveu sobre ele é pouco. A jornalista inglesa Anne Dooley escreveu sobre ele, elogiando-o muito após ter convivido com ele.

Havia poucas possibilidades de ele ser investigado no Brasil, uma vez que boa parte de suas cirurgias psíquicas foram realizadas na Inglaterra e em outros países europeus, onde era bastante conhecido. Praticamente tudo o que ele fez no Brasil é mantido em segredo, uma vez que teve medo de ser preso pelas suas atividades mediúnicas.

Ao contrário de outros, Lourival não tem nenhuma ligação com o movimento espírita. Sempre trabalhou em condições bastante adversas, sendo capaz de realizar as mais dramáticas façanhas sob o ponto de vista espírita. Há fortes evidências de que ele podia curar doenças graves, como foi o caso de Anne Dooley, um dos mais convincentes. Lourival era uma pessoa excêntrica, sendo visto bebendo uma garrafa inteira de uísque antes de realizar as suas cirurgias psíquicas. Para se preparar para operar, tocava violão e cantava.

O jornalista brasileiro Jorge Rizzini tinha um filme realizado sob luz forte em que era mostrado Lourival realizando algumas cirurgias, com diversos ventres abertos, aparentando estar cortando a pele com uma faca, introduzindo suas mãos e retirando pedaços de tecidos.

Lourival de Freitas nasceu em 1929 em uma pequena aldeia de pescadores, próxima ao Rio de Janeiro, em uma localidade chamada Coroa Grande, ficando órfão ainda criança. Ele acreditava ser de origem russa. Era quase analfabeto e trabalhou como cobrador de ônibus, camelô e detetive policial.

Sua mediunidade começou a desabrochar por volta de 1934, aos 5 anos de idade. Foi acusado de fraudulento por Harry Edwards.

Lourival de Freitas foi uma pessoa muito controvertida. Há poucos registros sobre a sua vida e a sua mediunidade.

h) Otília Diogo

Figura 22 – Otília Diogo na prisão, após ter disso acusada de fraude

Fonte: https://dossieespirita.blogspot.com/2014/08/declaracao-de-otilia-diogo-indica.html. Acesso em: 20 abr. 2024.

A história do Espiritismo no Brasil apresenta um fato lamentável. Isto diz respeito às materializações completas de uma freira chamada irmã Josefa, além de vários índios e médicos desencarnados, tudo através da mediunidade de efeitos físicos de Otília Diogo.

Entre 1963 e 1964, Chico Xavier e seu companheiro de mediunidade, o médico Waldo Vieira, estavam em Uberaba, Minas Gerais, onde Chico Xavier passou a residir, estando junto com Otília Diogo.

O fato começou a ser alvo de manchetes de jornais e revistas em todo o Brasil por volta de 1963. A antiga revista O Cruzeiro anunciou a formação de uma "junta médica" composta por profissionais competentes que teriam estudado cientificamente cerca de 15 tipos de fenômenos mediúnicos, entre os quais, o mais dramático foi a materialização da freira católica "irmã Josefa". Essa freira era natural da Itália, falecida em 1946, após uma vida repleta de atos caritativos, sendo, por isso, muito estimada.

Os dez médicos que integravam a "junta" ocupavam posições de grande destaque em suas áreas profissionais, sendo a maioria deles de Uberaba — um ou dois eram de São Paulo. As suas credenciais eram ilibadas, especialmente a do líder do grupo, Dr. Waldo Vieira, amigo de Chico Xavier, também de grande reputação.

Todas as precauções foram tomadas para que a sessão transcorresse em segurança. Otília Diogo era, na época, uma mulher de 50 anos e mãe de dois filhos.

Antes da sessão, foi revistada, acorrentada a uma cadeira e fechada em uma cabine enquanto os presentes também foram revistados e proibidos de portar qualquer objeto, além das roupas.

Durante a sessão de materialização, foram obtidas cerca de 400 fotografias fortemente sugestivas da autenticidade dos fenômenos ali ocorridos. Dr. Waldo Vieira pretendia transformar as citadas fotografias em um futuro livro.

A revista citada, a mais lida no país, dedicou 14 páginas, em edição de 1964, ao caso. Dr. Waldo Vieira não tinha a intenção, juntamente com os outros médicos da junta, de ludibriar os presentes. A sessão começou com a senhora Otília Diogo fazendo o seu papel de boa médium.

Os repórteres, todos pretenciosos, julgaram antecipadamente que iriam presenciar uma grande fraude. O rosto de Otília Diogo foi estampado na referida revista, aparecendo por duas vezes na mesma capa: uma delas, com ela mesma, e outra, a cores, com a irmã Josefa. Foi feito um filme colorido que mostrou claramente a face bem conhecida da médium por trás do seu véu.

Não se satisfazendo com os rigores tomados para a realização da sessão, a revista contratou um destacado criminalista para examinar, atentamente, as fotos das sessões anteriores, além de um pedaço de linha que os repórteres afirmaram haver encontrado na cabine em que a médium foi colocada. O técnico não teve dúvidas: o fenômeno foi uma farsa, uma fraude! Entre vários detalhes incriminadores, foi apontado o joanete do pé esquerdo de Otília, perfeitamente visível no pretenso "Dr. Veloso", que também parecia ter peitos muito grandes para um homem.

O "golpe de misericórdia" foi dado seis anos depois, após Otília Diogo conseguir prosseguir com a sua carreira no Espiritismo, apesar do duro golpe e da acusação de fraude pela revista.

Otília Diogo fraudou como disse a revista O Cruzeiro? Por enquanto, esta pergunta não tem resposta.

i) Waldo Vieira

Figura 23 – Waldo Vieira

Fonte: https://citacoes.in/media/authors/waldo-vieira.300w.webp. Acesso em: 20 abr. 2024.

Waldo Vieira nasceu em Monte Carmelo, em 12 de abril de 1932, e faleceu em Foz do Iguaçu, Paraná, em 2 de julho de 2015. Ele foi um médico cirurgião plástico e cosmético, dentista, médium, lexicógrafo, autor brasileiro de várias obras e o primeiro conscienciólogo, devido a ser o propositor da Conscienciologia e da Projeciologia.

Vieira supostamente começou a ter suas primeiras manifestações mediúnicas na infância, tornando-se, consequentemente, adepto do Espiritismo. Afirma-se que sua primeira projeção consciente ocorreu aos 9 anos de idade.

Na juventude, morou em Uberaba, onde se graduou em Medicina e Odontologia. Posteriormente, tornou-se também médico pós-graduado em cirurgia plástica e cosmética (ambos em Tóquio, no Japão). Quando ainda estudante (1955), conheceu pessoalmente o médium Chico Xavier e, juntos, eles desenvolveram, nos anos 1950-60, um trabalho mediúnico em conjunto no centro espírita Comunhão Espírita Cristã, que fundaram em Uberaba. Tal parceria resultou na publicação de diversos livros e estudos espíritas, mais notadamente em livros psicografados da série André Luiz. Juntos também exerceram função de médium em sessões de psicografia de cartas e trabalho voluntário de distribuição de mantimentos a multidões de pessoas carentes.

Em 1965, Waldo Vieira e Chico Xavier viajaram para Washington, nos Estados Unidos, a fim de divulgar o Espiritismo no exterior. Com a ajuda de Salim Salomão Haddad, presidente do centro Christian Spirit Center, e sua esposa, Phillis, estudaram inglês e lançaram o livro Ideal Espírita, com o título de The World of The Spirits. Na volta da viagem, publicaram o livro intitulado Entre Irmãos de Outras Terras.

Como médium espírita, Waldo psicografou sozinho os seguintes livros: Conduta Espírita, de André Luiz (FEB, 1960), Bem-Aventurados os Simples, de Valerium (FEB, 1962), Cristo Espera por Ti, de Honoré de Balzac (IDE, 1965), De Coração Para Coração, de Maria Celeste (FEB, 1962), Seareiros de Volta, de diversos espíritos (FEB, 1966), Sonetos de Vida e de Luz, também de diversos espíritos (IDE, 1966), Sol nas Almas, de André Luiz (CEC, 1964) e Técnica de Viver, de Kelvin van Dine (CEC, 1967).

Em 1966, Waldo Vieira se mudou para o município do Rio de Janeiro, desligando-se do centro Comunhão Espírita Cristã. Ao mesmo tempo, tornou-se um dissidente do Espiritismo e decidiu se dedicar à pesquisa da experiência fora do corpo (ou projeção da consciência), fenômeno que considerava importante para o desenvolvimento integral da consciência. Ele também se tornou membro de duas das mais importantes organizações de pesquisa parapsicológica do mundo, a estadunidense ASPR (American Society for Psychical Research) e a britânica SPR (Society for Psychical Research).

Após abandonar o Espiritismo, Waldo viajou com duas amigas pelos EUA, pela Europa e pela Ásia, pesquisando técnicas estéticas para a vaidade feminina.

Em 1981, lançou o volumoso livro Projeções da Consciência: Diário de Experiências Fora do Corpo Humano, atraindo a atenção dos interessados na Projeciologia. Nesse mesmo ano, também fundou com outros o Centro da Consciência Contínua, dedicado à pesquisa das experiências fora do corpo e estados alterados de consciência.

Em 1986, lançou o tratado Projeciologia: Panorama das Experiências da Consciência Fora do Corpo Humano, com a primeira edição de 5 mil exemplares. A obra foi distribuída gratuitamente entre pesquisadores e bibliotecas do país e do exterior. O tratado consiste em uma exaustiva pesquisa contendo mais de 1.900 referências bibliográficas de 37 países, que chancela o estudo sério e científico sobre o assunto. Tal tratado fundamenta também os estudos da Projeciologia e Conscienciologia e é considerado, ainda hoje, a principal obra brasileira sobre projeções da consciência. Ao longo dos anos, Waldo também criou uma considerável biblioteca sobre a projeção da consciência e relacionados, incluindo milhares de referências populares e científicas na temática.

Em 1988, Waldo fundou com outros o Instituto Internacional de Projeciologia e Conscienciologia (IIPC) no Rio de Janeiro. Uma organização sem fins lucrativos voltada ao ensino e à pesquisa da consciência em abordagem integral da personalidade. Ele também presidiu a instituição entre 1988 e 1999, sendo que, no final desse período, o IIPC foi reconhecido como instituição de Utilidade Pública Federal (UPF).

Em 2001, Waldo foi incluído na publicação inglesa Who's Who in the 21st Century, editada pelo International Biographical Centre.

Waldo Vieira também era conhecido como um dos maiores colecionadores de histórias em quadrinhos do país e doou sua coleção pessoal para o Centro de Altos Estudos da Conscienciologia (CEAEC).

Waldo Vieira passou a residir no Centro de Altos Estudos da Conscienciologia (CEAEC), localizado no bairro Cognópolis (também apelidado de Cidade do Conhecimento ou Bairro do Saber), em Foz do Iguaçu. Entre outras atividades, dedicava-se à produção da "Enciclopédia da Conscienciologia" e dicionários relacionados ao tema.

Waldo Vieira sofreu um Acidente Vascular Cerebral (AVC) em 25 de junho de 2015, vindo a falecer em 2 de julho de 2015, aos 83 anos, no hospital Ministro Costa Cavalcanti, em Foz do Iguaçu.

j) Anna Prado

Figura 24 – Anna Prado

Fonte: http://www.mundoespirita.com.br/?materia=anna-prado. Acesso em: 20 abr. 2024.

Anna Rebello Prado nasceu por volta do ano de 1883, em Parintins, Amazonas, uma ilha fluvial situada à margem direita do rio Amazonas (Baixo Amazonas). A ilha foi descoberta em 1749 pelo navegador e explorador português José Gonçalves da Fonseca.

A família Rebello participou ativamente de várias agremiações espiritistas na capital amazonense. Os tios maternos de Anna, Emiliano e Jovita, funcionários do serviço público federal, se consagraram à tarefa difusora do Espiritismo.

Emiliano participou da fundação da Federação Espírita Amazonense. A mãe de Anna, Ermelinda de Carvalho Rebello, também tomou parte nas fileiras do movimento espírita amazonense. Assim, embora Anna viesse a professar o catolicismo, podemos concluir que viveu cercada pelas meridianas luzes do Espiritismo, o que seguramente lhe favoreceu uma sólida e elevada formação moral e espiritual. Não há registros sobre sua infância e adolescência, que devem ter ocorrido em sua cidade natal, onde se casou no dia 9 de junho de 1901, com o cearense Eurípedes de Albuquerque Prado.

Eurípedes sempre se preocupou com as questões da imortalidade da alma. Comerciante, jornalista, professor e homem público, ocupou o cargo de superintendente Municipal de Parintins (atual cargo de prefeito), conheceu a Doutrina Espírita através do livro O céu e o inferno, de Allan Kardec (1965), e se devotou às atividades espíritas em sua cidade. Mais tarde, o casal, com os filhos Eurídice, Eratósthenes, Antonina e Dinamérico, se transferiu para a capital paraense.

Conhecendo teoricamente os fenômenos das mesas girantes e não encontrando no meio espírita de Belém adesão para as experiências, Eurípedes optou por realizá-las em sua própria casa.

Anna, relutante, não participou das primeiras reuniões, realizadas pelo marido e os dois filhos mais velhos, sempre alegando afazeres domésticos ou descrença. Finalmente, numa tarde de domingo, tomada de surpresa, não teve como se esquivar e participou da reunião. Os primeiros fenômenos registrados foram em torno da mesa, que apresentou estalidos e violentos abalos. Depois, foi a tiptologia, arremesso de objetos ao solo e transporte de uma flor do jardim para a mesa da casa.

Seguiram-se as materializações em plena obscuridade, apenas perceptíveis pelo tato; gradualmente, da obscuridade plena, passou-se a uma luz muito tênue e de materializações de membros esparsos — um braço, mãos etc. — ao aparecimento de vultos perfeitos e até ao reconhecimento deles por parte dos parentes. As faculdades mediúnicas de Anna tiveram rápido desenvolvimento. Do interior do lar, alcançaram o domínio público, ultrapassando as fronteiras do estado do Pará, para, logo mais, varar os limites do nosso país e do continente americano, sendo noticiados na França na e Alemanha.

Anna sofreu toda sorte de atribulações. O preconceito da época a difamou e perseguiu, atacando-a de várias formas. Foi acusada publicamente de comediante e se sujeitou a provas rudes, como a ser encarcerada em uma gaiola de ferro durante o transe para provar a verdade dos fenômenos que provocava: tiptologia, raps, levitação de objetos, escrita direta, sonambulismo, transporte, desdobramento, desmaterialização, aparecimento de luzes espirituais, psicofonia, audiência, vidência etc.

Todas as sessões foram fartamente documentadas com atas e fotos. Estando em Belém, em processo sonambúlico, ela visitava a família e parentela corporal, em Parintins, revelando fatos da intranquilidade ali vivida, todos confirmados em cartas posteriores pelos próprios visitados. As materializações, pode-se dizer, eram de mais de um espírito ao mesmo tempo. Certa feita, com incômodo abscesso na boca, a própria médium foi operada, em transe, pelo espírito de um médico materializado.

Em uma das sessões, no dia 27 de outubro de 1922, materializou-se o espírito Maria Alva, que levou uma echarpe que, à vista de todos, transformava-se em uma cesta de vime e, depois, em uma bandeja cheia de flores. Outro extraordinário fenômeno foi o registrado como das “flores secas”. Em 25 de janeiro de 1920, o coronel Simplício Costa havia entregado ao espírito materializado João algumas flores, que lhe foram devolvidas secas, pelo mesmo espírito, em outra sessão, 14 meses depois. João era o espírito orientador da produção mediúnica de Anna Prado. Tratava-se de seu tio materno, Felismino Olympio de Carvalho Rebello.

Ciente da interessante fenomenologia, produzida pela médium Francisca Jatahy, a psicografia cutânea, Anna Prado pediu ao espírito João que tentasse idêntica experiência. Ele não se fez de rogado. Escreveu nos braços da médium: "Deus e João", fato que foi publicado na revista Reformador, da Federação Espírita Brasileira (FEB), de 1º de novembro de 1921.O espírito também estimulou Anna a provocar a germinação de plantas de sementes de eucalipto vindas do Rio de Janeiro em uma sessão de 30 minutos. Durante o desenvolvimento de sua tarefa mediúnica, Anna Prado ofereceu inúmeras provas da veracidade dos fenômenos espíritas.

Annita, uma menina de aproximadamente 13 anos, sempre que se materializava, costumava produzir belíssimas flores em parafina. João, materializado, executou vários moldes de seus pés e mãos em parafina, inclusive molde da sua mão, com os dedos fechados.

Rachel Figner, cujas materializações atingiram altíssima perfeição, realizou notáveis trabalhos em parafina.

Anna Prado, depois de cinco anos de intensa produção mediúnica, faleceu. Sofreu um acidente em sua casa, com fogão a álcool. O óbito, registrado a 23 de abril de 1923, deu como causa da morte "colapso consecutivo a queimadura extensa do corpo sobressaindo as partes abdominais". Sua morte foi amplamente noticiada em periódicos espíritas do Brasil e pela Revue Spirite, editada por Allan Kardec. Ela tinha apenas 39 anos de idade.

Francisco Cândido Xavier a ela se referiu no programa Pinga-Fogo, da TV Tupi/SP, em 28 de julho de 1971, como "a responsável por fenômenos de materialização dos mais legítimos".

Mais de três décadas depois de sua morte, ela retornou pela escrita do médium Chico Xavier em 24 de fevereiro de 1955, trazendo interessante mensagem que intitulou "Observação Oportuna", publicada no livro Instruções Psicofônicas, publicado pela FEB.

k) Yvonne do Amaral Pereira

Figura 25 – Yvonne do Amaral Pereira

Fonte: http://www.mundoespirita.com.br/?materia=yvonne-pereira-uma-heroina-silencio. Acesso em: 20 abr. 2024.

Nascida em 24 de dezembro de 1900, ela viveu 83 anos e desde cedo dedicou-se a bem do próximo. Seu pai costumava levar para casa pessoas necessitadas, e a menina Yvonne conviveu com mendigos, que comiam na mesma mesa e dormiam sob o mesmo teto que ela.

Toda sua vida foi de renúncias e dedicação aos sofredores. Desde os 5 anos de idade, passou a ter percepções mediúnicas. Via os espíritos com tal nitidez que, por vezes, confundia a si mesma e aos seus familiares.

As lembranças de vida anterior não contribuíram menos para lhe causar tormentos, pois, à tarde, ao ser banhada, ela exigia o vestido bonito e reclamava pela carruagem que deveria levá-la a passeio.

No relacionamento com seu pai, mais de uma vez, em sendo chamada a atenção, olhava-o e dizia que ele não era seu pai, apontando para o nada, afirmando que aquele que era o seu pai. Referia-se ao espírito Charles, que via com constância e que lhe fora companheiro de muitas jornadas, além de pai amoroso.

Ainda, sentia imensas saudades de Charles, a quem desejava abraçar, sofrendo por sua ausência física.

Aos 29 dias de idade, teve um colapso letárgico, e tudo foi disposto para seu enterro. Sua mãe insistia que ela não estava morta e, preparando-se as pessoas para levar o pequeno caixão à sepultura, se recolheu ao quarto, orou à Maria, mãe de Jesus, pedindo que ela permitisse que algo ocorresse, a fim de que sua pequena não fosse sepultada. Então, prometeu dar-lhe o nome de Maria.

O pai, contudo, tinha sua própria vontade e a registrou com o nome de Yvonne — Yvonne do Amaral Pereira. No entanto, a própria Yvonne confidenciou a amigos que, na Espiritualidade, os espíritos a chamavam por Maria, respeitando, assim, a vontade e a promessa de uma mãe aflita.

Yvonne era uma mulher corajosa. A pedido da FEB, escreveu, em 1982, sua própria biografia, detalhando suas lutas e seus percalços. O texto foi publicado na revista Reformador.

Não temeu informar que ela própria era a personagem de muitas das histórias e romances escritos mediunicamente, por seu intermédio, descrevendo sua trajetória de acertos e desajustes desde o ano 40 da Era cristã à atualidade, conforme os registros em livros, como Sublimação, Nas Voragens do Pecado, O Cavaleriro de Numiers e O Drama da Bretanha.

O casamento não fez parte de sua vida, embora ela tenha insistido com alguns namoros que, conforme confessou, somente dissabores lhes trouxeram à alma.

Médium psicógrafa, receitista de desdobramento, psicofonia, vidência de efeitos físicos (materializações), era amiga dos suicidas. Lia os jornais e anotava em caderno especial o nome dos que descobria terem tirado a própria vida, orando por eles diariamente. Era sabedora das dores que os alcançavam.

Isso lhe granjeou muitas amizades espirituais. Trabalhou sempre, mesmo quando as condições lhe eram mais adversas. Quando, no Rio de Janeiro, não foi aceita em vários centros espíritas, trabalhou sozinha, fornecendo receituário mediúnico e medicamentos, realizando aulas de evangelização para crianças e psicografando. Aplicava injeções em doentes pobres. Costurava para eles. Estabeleceu aulas de costura e bordados a moças e meninas da favela próxima de onde residia.

Manteve-se fiel à FEB, mesmo após ter tido suas duas primeiras produções mediúnicas rejeitadas. Escreveu, entre outros, os seguintes livros: a) Memórias de um Suicida, ditado pelo espírito Camilo Cândido Botelho; Amor e Ódio (1956), ditado pelo espírito Charles; b) Ressureição e Vida, ditado pelo Espírito Leon Tolstoi; c) Nas Voragens do Pecado (1960): primeiro volume de uma trilogia do seu guia, Charles; d) Dramas da Obsessão (1964), ditado por Bezerra de Menezes (compreende duas novelas abordando o tema obsessão); e) Sublimação (1974), que apresenta dois contos ditados pelo espírito protetor Charles; um ambientado na Pérsia e outro na Espanha, e três contos de autoria de Leon Tolstoi, todos ambientados na Rússia; f) O Cavaleiro de Numiers (1976), que é o segundo volume da trilogia de Charles e mostra outra encarnação da médium, ainda na França, na personalidade de Berth de Sourmeville; g) O Drama da Bretanha (1978), que é o terceiro e conclusivo volume da trilogia de Charles e que ilustra como a médium, agora personalizando Andrea de Guzman, não consegue suportar os embates de sua expiação e se suicida por afogamento; e h) Recordações da Mediunidade (1968), em que Yvonne discorre sobre reminiscências de vidas passadas, arquivos da alma, materializações, premonição e obsessão. Reconheceu que fora a espiritualidade que tornara seu instrumento Manuel Quintão, pois faltava conteúdo doutrinário ao Memórias; i) Devassando o Invisível (1963), em que desenvolve uma dezena de estudos sobre temas doutrinários, com base em suas experiências mediúnicas; j) A Tragédia de Santa Maria (1957), de autoria espiritual de Bezerra de Menezes, ambientado em uma fazenda de café em Vassouras, RJ. Trata da história real de uma rica família escravocrata, sobre uma tragédia que se abateu sobre aquela família. Mostrando o ontem e o hoje, o romance de Bezerra (2014) é destinado sobretudo “a essa juventude tão rica de generosos pendores, tão enamorada de ardentes ideais quanta desordenada e inconsequente em suas diretrizes, e a quem escasseiam exemplos edificantes, lições enaltecedoras”; Léon Denis, o Apóstolo do Espiritismo, seria quem lhe daria a feição doutrinária necessária.

Yvonne teve oportunidade de saber da reencarnação de seu grande amor, um amor de várias reencarnações, chegando a se corresponder com ele em Esperanto e orientá-lo após a morte física. Ele nascera na Polônia.

A descrição dos encontros espirituais desses dois espíritos é sublime. Possivelmente, para o coração de Yvonne, os poucos momentos de felicidade de que podia fruir, além das horas de trabalho psicográfico de literatura, que, confessava, eram de intensa felicidade, estavam relacionados às horas felizes que conheceu em sua vida. Eram oportunidades de convívio com os Espíritos.

Dedicou quase 55 anos às curas através do receituário homeopático, passes e preces. Curou obsessões, sempre assistida por espíritos de alta envergadura, como Bezerra de Menezes, Bittencourt Sampaio, Charles e Roberto de Canallejas.

Foi oradora espírita durante 44 anos.

Yvonne faleceu no Rio de Janeiro em 19 de março de 1984.

CAPÍTULO 4:

O YOGA

"O yoga é a cessação das atividades da mente".

(yoga chitta=vritt niroda.

(yoga sutra de Patañjali I.2)

4.1 O que é o Yoga: definição

A palavra "Yoga" vem de "yuj", palavra sânscrita que significa "unir", "reunir" ou "juntar". Portanto, o Yoga seria aquilo que une o ser humano ao divino. Essa interpretação não conta com a opinião da maioria dos especialistas.

Veremos, agora, a opinião de alguns textos da literatura sagrada da Índia sobre o que seja o Yoga.

a) A Bhagavad Gita é uma parte do capítulo 6º do monumental poema épico Mahabharata.

> 11.48 Estabelece-te neste Yoga, ó vencedor das riquezas (Arjuna), e dedica-te realizar o teu dever, abandona o apego e permanece em equilíbrio ante o êxito e fracasso. A esta equanimidade se chama Yoga.
>
> 11.50 Aquele que está unido à buddhi (parte nobre da mente) deixa para trás, aqui, tanto as ações benéficas quanto as maléficas e junta-se portanto, ao yoga. O yoga é a habilidade na ação (Martin, s/d, p. 68).

b) No Yoga Sutra de Patânjali

"I.2 yoga é a inibição das modificações da mente" (Taimni, 1996).

Vale aqui uma explicação deste verso do Yoga Sutra. A mente humana está sempre agitada, sendo o seu modo natural de ser. A mente (chitta) trabalha com os dados imediatos contidos nos fluxos de informações que chegam do mundo externo. Chitta é composta, basicamente, por pensamentos e emoções em constante movimento. Quando esses "turbilhões" são aquietados, aquilo que está além de chitta é revelado. É nesse estado que os movimentos da mente são inibidos, que aparece a "Luz do Ser", a "Luz da Penumbra", que a nossa verdadeira essência transcendente, pois, antes, estava coberta pelos movimentos da mente. A esse estado, quando o observador percebe essa Luz, Patanjali chama de Yoga. Daí ter escrito no seu Yoga Sutra que o "estado de Yoga aparece quando os movimentos da mente são inibidos". Portanto, o estado de iluminação espiritual é algo que acontece na mente. É o samadhi que revela algo que estava no fundo de nossa consciência, encoberto pelos nossos pensamentos e emoções. Esse "algo" luminoso sempre esteve conosco. A agitação natural da nossa mente não nos permitiria ver essa "luz" pronta e acabada, que é a nossa verdadeira essência.

Uma analogia sobre isso é a seguinte: imaginemos uma caixa de vidro que contém água muito turva, uma vez que está em movimento, de modo que não é possível observar uma luz que se encontra no interior dessa caixa de vidro. Se deixarmos essa caixa parada por algum tempo, o pó da caixa começa a assentar. Depois de algum tempo, a luz aparece. Pois bem, a luz representa o núcleo do ser humano, eterno e puro. O pó que estava flutuando e encobrindo a luz são os nossos pensamentos e emoções. O ato de deixar a caixa de vidro quieta pode ser comparado à prática contínua de meditação, que provoca a suspensão das atividades da mente.

c) Comentário da atividade da mente:

"Yoga é Samadhi" (I, 1)

d) Svetasvatara Upanishad

II.10-15:

10: O Yoga deve ser praticado dentro de uma caverna, protegendo-se dos ventos fortes, ou em local plano, sem seixos e fogo, sem perturbações de barulho, seco, não agressivo e prazeroso aos olhos.

11: Quando o Yoga é praticado, as primeiras formas que apareceram ao praticante e que gradualmente manifestam Brahmam (o Absoluto) são, as de floco de neve, um lugar radiante, sol, vento, fogo, luminosidade, cristal e lua.

12: Quando a terra, a água, o fogo e o éter aparecem, ou seja, quando os cinco atributos dos elementos referidos nos livros de Yoga, tornam-se manifestos (cheiro, sabor, formas, tato e som), então o corpo do yogue torna-se purificado pela chama do Yoga, ficando livre das doenças, da velhice e da morte.

13 Os precursores da perfeição através do Yoga disseram sobre eles mesmos que são luminosos e plenos de saúde corporal, sem desejos atormentadores, aparência saudável, dotados de voz meiga e suave, com odores corporais agradáveis e excreções leves.

14: Como o ouro coberto pela terra brilha depois de limpo e polido, assim também o yogue realizando a verdade do Atman, torna-se uno com Ele, alcançando seu objetivo nesta vida, libertando-se para sempre dos grilhões.

15: Quando o yogue observa a real natureza do Absoluto Brahmâm através do conhecimento do ser interno, radiante como uma lâmpada, então, conhecendo o não-nascido e imutável Senhor, que é intocado pela ignorância, liberta-se de todos os medos (Tinoco, 1996, p. 300).

e) Maitri upanishad

"A unidade da respiração, da consciência e dos sentidos, seguida pela aniquilação de todas as condições da existência, isso é Yoga" (Maitri Upanishad VI: 25 – ptm.wikipedia.org/wiki/ioga).

f) Katha Upanishad

IV: "Quando os cinco sentidos e a mente estão parados e a própria razão descansa em silêncio, então começa o caminho supremo. Essa firmeza calma dos sentidos chama-se Yoga. Mas deve-se estar atendo, pois o Yoga vai e vem" (Kupfer, s/d).

g) Yogabija

"Diz-se que o Yoga é transcendência da conexão com a rede das dualidades" (I.90).

h) Vishnu Purana

> Do estudo deve-se passar ao Yoga. Do Yoga deve-se passar ao estudo. Pela perfeição no estudo e no Yoga, percebe-se a Consciência Suprema. O estudo é um dos olhos com que se percebe o Ser. O Yoga é o outro. Aquele que é uno com o ilimitado não vê mais com os olhos do corpo (Kupfer, s/d).

Será possível alcançar o estado da mente ao ponto de os pensamentos e as emoções cessarem, como afirmou Patanjali, no verso I.2 do seu Yoga Sutra?

O texto a seguir foi extraído do meu livro Contribuições do Yoga à Educação no Brasil – um Encontro com os Grandes Yogues Brasileiros, publicado em Curitiba pela Editora Appris, em 2016.

> A superfície do córtex cerebral possui atividade elétrica, caracterizada por pequenos padrões elétricos e contínuos, embora estes possam ser descontínuos.
>
> Os estudiosos classificam essas atividades elétricas do córtex, ou ondas cerebrais, de acordo com as suas respectivas frequências, do seguinte modo:
>
> 1- Ondas ALFA: apresentam frequências entre 7 e 12 Hertz. São encontradas geralmente nos traçados do Eletroencefalógrafo (EEG) de quase todas as pessoas adultas e normais,

em estado de vigília, acordadas. Ou também na fase de repousó sem estímulos externos ou ainda, em pessoas que dormem, com sonhos. Estudos revelam o seu aparecimento em estados de profundo transe meditativo;

2- Ondas BETA: possuem frequências entre 13 e 27 Hertz, sendo registradas, principalmente, na região frontal e parietal do couro cabeludo. Surgem durante a elaboração de pensamento e em fases de concentração ou sono;

3- Ondas GAMA: possuem frequência em torno de 27 Hertz ou mais. Alguns estudiosos pensam que essas ondas são um caso particular de ondas BETA. Estão associadas aos estados de ansiedade, hiperatividade, tensão ou grande desempenho corporal;

4- Ondas TETA: possuem frequência entre 4 e 7 Hertz. Ocorrem, principalmente, no córtex parietal e temporal de crianças, também sendo peculiares em casos de estresse emocional, durante as frustações e em casos de degenerescências encefálicas;

5- Ondas DELTA: possuem frequência abaixo de 3,5 Hertz. Aparecem durante o estado de sono sem sonho, ou seja, no sono profundo.

"Todos esses tipos de ondas são mediadas e percebidas pelo EEG (p. 177-180).

Podem as práticas meditativas influenciar a fisiologia do ser humano?

A resposta é sim!

Sobre isso, dizem Marcello Árias Dias Danucalov e Roberto Serafim Simões (2006, p. 239):

> Nos últimos anos, uma grande quantidade de trabalhos científicos tem direcionado seu foco de atenção para as alterações fisiológicas decorrentes de prática de vigorosos exercícios físicos, sejam eles de caráter aeróbico ou anaeróbico. Entretanto, a meditação parece estar na contramão desta linha, pois serve de base para o estudo do não movimento e duas possíveis implicações no corpo e na mente,

> além de apontar para um possível controle consciente de sistemas até então considerados involuntários. Esses dados têm provocado mudanças de paradigmas no que diz respeito à compreensão dos sistemas cognitivos, além de fomentar interessantes questionamentos sobre as nossas funções vegetativas e seus dois componentes básicos: o sistema nervoso simpático e o parassimpático.
>
> As pesquisas realizadas com praticantes de meditação / Yoga apontam para inúmeras alterações fisiológicas, tais como: reduções das frequências cardíacas, alterações no fluxo sanguíneo encefálico e da atividade eletroencefalográfica, modificações nas concentrações de inúmeras substâncias neurotransmissoras, variações hormonais, redução da temperatura corporal, aumento da resistência galvânica da pele, diminuições da resistência vascular periférica, quedas do consumo de oxigênio e da produção de gás carbônico, assim como acentuadas reduções no lactato sanguíneo, além de outras modificações que ocorrem durante o processo meditativo.

Os autores citados ainda se reportam a um experimento científico realizado na Índia, na cidade de Udaipur, por Kothari e seus colaboradores, com um yoguin de 70 anos. Ele foi confinado numa cela de 15 metros cúbicos, sendo totalmente monitorado em sua temperatura, frequência respiratória e outros testes de natureza bioquímica. Essa pesquisa gerou resultados inesperados, citados em várias revisões sobre o assunto. O yoguin se chamava Satyamurti. Ao entrar na cela, seu peso corporal era de 55 kg, pressão arterial (PA) 16,4/9,2 mm Hh, frequência cardíaca (FC) 106 bpm, temperatura corporal de 37,2 graus centígrados. O teste durou oito dias. Durante esse tempo, Satyamurti permaneceu sentado em estado meditativo, com as pernas cruzadas e a coluna ereta. Não se alimentou nem ingeriu água. Ao término do teste, seu peso era de 50,5 kg, sua PA era de 14,0/9,8 mmHg, sua FC foi normalizada em 98 bpm e sua temperatura corporal era de 34,8 graus centígrados, valor de hipotermia. No entanto, seus mecanismos fisiológicos envolvidos no controle da temperatura permaneceram incompreendidos. Outro fato estranho foi que, durante esses oito dias, a FC do yoguin começou a aumentar depois das primeiras horas do teste, chegando a 250 bpm, sem sofrer nenhuma consequência. Após isso, a FC foi drasticamente reduzida, a tal ponto que foi impossível o eletrocardiógrafo percebê-la. Tudo indicava que ele havia morrido, assim permanecendo por cinco dias. Não foi detectada nenhuma falha nos equipamentos.

Antes do teste, o yoguin descreveu o que iria lhe acontecer. Os interessados nesta pesquisa devem procurar os seguintes materiais: "Meditation as a voluntary hypnometabolic state of biological estivation", de Young e Taylor (1984); "Catecholamine level", de Infante et al. (2001); "The Physiological Correlate of kundalini Yoga meditation: a study of a Yoga Master", de Arambula et al. (2001); e Why good won't go away, de Nweberg e Raude (2002).

Segundo os já citado Yoga Sutra de Patañjali, no seu capítulo I, verso 2, "Yoga é a restrição das atividades da mente". Aqui, mente (chitta) significa, praticamente, o Ego e o inconsciente pessoal da psicologia ocidental. É possível restringir as atividades da mente? Diversos estudos eletroencefalográficos realizados em pacientes durante processos de meditação apresentaram uma tendência ao aparecimento de traçados lentos. Isso indicou que a atividade elétrica do córtex cerebral era sucessivamente reduzida com a continuidade da prática meditativa, de acordo com Marcello Árias Dias Danucalov e Roberto Serafim Simões (2006). Eles escreveram o que segue:

> Mesmo assim, fica patenteado que, durante os processos meditativos, existe uma tendência ao aparecimento de traçados lentos no eletroencefalógrafo, caracterizado pelas ondas alfa e teta. Contudo, não podemos nos esquecer de que os trabalhos variam muito em suas metodologias, assim como variam as formas de meditação empregadas nas referidas pesquisas (p. 265).

Portanto, havia indicativos de que a atividade da mente estava sendo reduzida gradativamente. O que ocorre com a interrupção das atividades da mente? Diz Patañjali, como já foi abordado antes, que o praticante se estabelece em sua própria natureza.

Essa natureza é algo que se situa além do pensamento, além da razão. Esse estado denominado Kaivalya, Moksha, Mukti, Apavarga, é difícil de ser descrito. Somente os que o vivenciam podem compreendê-lo.

Pode-se concluir aqui algo importante sobre a natureza do Yoga. Este importante ramo do saber indiano, além de uma filosofia, é também um conjunto de técnicas para levar o ser humano à transcendência.

4.2 Vias do Yoga

Trataremos, agora, das principais vias ou ramos do Yoga. Entre elas, pode-se destacar:

1. Ashtanga Yoga ou Yoga Clássico

Disciplina de oito membros ou partes, também chamada de Raja Yoga, consubstanciada no Yoga Sutra, cujo autor é Patañjali, como já foi referido. Os Yoga Sutra são constituídos por 196 sutras, distribuídos em quatro capítulos:

I) Samadhi Pada – 51 sutras;

II) Sadhana Pada – 55 sutras;

II) Vibhti Pada – 56 sutras;

IV) Kaivalya Pada – 34 sutras.

Para se alcançar o objetivo do Yoga ou para se alcançar o estado de Yoga, Patañjali recomenda que se pratique os oitos membros do Yoga (ou ashtanga Yoga), que são os seguintes:

a) Yâmas (Abstenções): Ahimsa (não violência); Satya (ser veraz); Asteya (não roubar); Brahmacharya (não ser sensual); e Aparigraha (ter apenas o necessário);

b) Nyâmas (Obrigações); Sauca (pureza corporal e mental); Samtosha (contentamento); Tapah (ascetismo); Svadhyaya (estudo próprio das escrituras do Yoga); e Ishvara pranidhana (concentração no "Ser Supremo");

c) Asanas (Prática das posturas físicas);

d) Prânâyâmas (Práticas respiratórias);

e) Pratyâhara (Inversão dos sentidos);

f) Dharana (Concentração da mente);

g) Dhyana (Meditação);

h) Samadhi (União ou estado elevado da mente).

O Yoga Clássico é o ramo do Yoga que será mais citado neste livro, uma vez que é o ramo do Yoga mais seguido ou adotado no Brasil.

O Yoga Clássico não se tornou algo representativo na Índia pelo fato de ser dualista (dvaita). As escolas de pensamento monista (advaita) se tornaram dominantes naquele país. A principal escola monista é o Vedanta, que afirma haver unidade entre a matéria e o espírito, onde tudo é o Absoluto Brahmâm.

Como se pode deduzir da tradução do Yoga Sutra, Patañjali admite a existência de Purusha (espírito) e Prakritî (matéria), daí o dualismo. Serão transcritos a seguir dois sutras para evidenciar o dualismo do Yoga Clássico:

> I.19. O êxtase daqueles que se fundiram com a natureza (prakriti-laya) e (daqueles que estão) sem corpo (videha) nasce da persistência da ideia de vir-a-ser.
>
> I.16. A [forma] superior dessa [impassibilidade] é o não ter sede dos componentes (guna) da Natureza, o que decorre da visão do Si Mesmo (Purusha).

A palavra Guna se refere às três "forças" que comandam a natureza (rajas, tamas e sattva).

O Samkhya é uma das seis escolas filosóficas dos Vêdas (Darshana). Esse Darshana é a base teórica sobre a qual se baseia o Yoga Clássico. Para que se tenha uma ideia da influência do Samkhya no Yoga Clássico, serão transcritos a seguir alguns sutras do Samkhyakarikah, traduzido do sânscrito para o espanhol por Rosalina Monero (2003, p. 19, 33, 47 e 48). O referido texto é o mais importante do Sankhya: "2 – A Natureza, origem de tudo, não é um produto; os sete, como o Grande Princípio e outros, são produtos e produtores; mas os dezesseis, são produtos; o Espírito não é produtor nem produto".

Vale assinalar que a palavra Natureza é a matéria ou Prakritî. A palavra Espírito é o que se denomina em sânscrito por Purusha. A expressão "os sete" pode ser definida como: 1- mahat (a grande mente de onde se originam as mentes individuais – chitas); 2- ahamkara (o ego humano) e os cinco tanmatras, ou cinco sentidos: 3- visão; 4- audição; 5- paladar; 6- tato; e 7- audição.

Os "dezesseis" significam: os seis órgãos dos sentidos, as cinco faculdades da ação (fala, apreensão, locomoção, evacuação e procriação) e a faculdade dos sentidos (visão, audição, paladar, tato e olfato): "17- A pluralidade de espíritos se prova, porque o nascimento, a morte e os órgãos estão determinados individualmente; porque a atividade é diversa e também, pela oposição entre os três constituintes". O Samkhyakarikah é um texto confuso!

A pluralidade de espíritos (Purushas) ou os muitos espíritos existentes pode ser provada do seguinte modo: se existisse apenas um espírito maior, ou seja, um Purusha Supremo, quando alguém nascesse, todos nasceriam simultaneamente, o que não ocorre. Por não aceitar a existência de um Purusha Supremo, o Sankhya é considerado ateu.

A expressão "os três constituintes" se referem aos três gunas, referidos anteriormente: "35. Estes reciprocamente distintos uns dos outros, são modificações específicas dos constituintes; como a lâmpada, fazendo visíveis os objetos, apresentam ao intelecto, a totalidade do que é para o benefício do Espírito".

A expressão "reciprocamente distintos" se refere ao intelecto (buddhi ou a parte nobre da mente, capaz de elaborar pensamentos elevados e a intuição) e ao órgão interno (antarkarana), centro governante, o controlador dos processos vitais que se manifesta como o ego (ahamkara), a memória (citam), a compreensão (buddhi) e o pensamento (manas).

2. Bhakti Yoga

Disciplina da devoção e do amor ao divino, como está exposto na Bhagavad Gitâ, no Bhagavata Purana e outros textos. O termo Bhakti deriva da raiz sânscrita bhaj, que significa "participar de". Também pode ser traduzido por "devoção". Neste caso, pode-se dizer que Bhakti Yoga é o Yoga da devoção amorosa à Pessoa Divina, ao Absoluto Brahmam ou a uma deidade particular. O praticante do Bhakti Yoga é denominado bhakta. Um exemplo de seguidor do Bhakti Yoga foi Mira Bai.

Mira Bai foi uma princesa rajputra que viveu entre 1498 e 1550 d.C. Ela foi poetisa e era apaixonada e devota de por Krishna, que é representado como um homem de pele escura. Krishna quer dizer negro. Sua devoção espiritual apareceu depois do falecimento do seu marido e dos pais.

Para que se tenha uma ideia da força devocional de Mira Bai, será dado, a seguir, um trecho de um dos seus poemas sobre Krishna, traduzido por José Jorge de Carvalho (2001, p. 128-129):

> Vem para o meu quarto,
> espalharei flores frescas no canapé,
> perfumei todo o meu corpo. [...]
> Gira a roda das encarnações
> e eu sempre sou tua escrava,
> deito apenas contigo.
>
> O senhor de Mira nunca perece.
> Uma olhadela no Amante Negro
> É tudo que ela almeja.
> Leva minha imagem
> para aquele yogi errante.
> Diz a ele que gastei meus dedos
> contando os dias,
> o momento chegou.

3. Hatha Yoga

Via do Yoga também denominada "Yoga da Força". O Hatha Yoga é um ramo ou via do Yoga que trata de técnicas físicas (ásanas — posturas corporais); prânâyâmas — técnicas respiratórias; mudrâs feitos com o corpo ou gestos corporais feitos com o objetivo de afetar as energias prânicas do praticante; bandhas — contrações corporais; e sat-karmas — técnicas ou limpezas corporais.

O Hatha Yoga é de origem tântrica. Os seus fundadores foram Matsyedranath e Gorak-sanath, que viveram no século X d.C. O Hatha Yoga surgiu do ideal tântrico denominado kaya-sadhana, o ideal de possuir um corpo perfeito ou um "corpo de diamante". Kaya significa "corpo" e sadhana, caminho espiritual, de acordo com Georg Feuerstein (2001, p. 463).

4. Jñana Yoga

Ramo do Yoga que se dedica à sabedoria discriminativa ou ao estudo dos textos do hinduísmo, principalmente as Upanishads. A palavra Jñana, como foi visto anteriormente, significa "conhecimento". Jñana Yoga, portanto, significa Yoga do Conhecimento. O praticante de Jñana Yoga se chama jñanin.

A expressão "Jñana Yoga" aparece pela primeira vez na Bhagavad Gitâ. Basta verificar a tradução feita diretamente do sânscrito do livro citado, feita por Carlos Alberto Fonseca (2009, p. 72): "O Venerável disse: 'Neste mundo ó Ananga, desde tempos antigos refiro a duas certezas: o Jñana-Yoga do Samkya, o Karma-Yoga dos yoguin'".

A palavra Ananga se refere a Arjuna, aquele que mantém um diálogo imortal com Krishna na Bhagavad Gitâ. E o Venerável é Krishna.

5. Karma Yoga

Ramo do Yoga caracterizado pela ação e pela realização de ações e de atos sem que exista apego ao fruto dessas ações. A expressão Karma Yoga é de origens sânscrita e significa Yoga da Ação. Karma Yoga também é chamado de Buddhi Yoga.

De um ponto de vista puramente histórico, o Karma Yoga surgiu como uma resposta ao pensamento hinduísta, segundo o qual o homem, para poder se desenvolver espiritualmente, deveria se retirar da sociedade, indo para cavernas ou florestas, abandonando o mundo.

Um grande exemplo de pessoa que personificou o Karma Yoga foi Mahatma Gandhi. Foi pelas suas ações firmes que a Inglaterra ficou de joelhos, dando liberdade à sua colônia distante, a Índia.

É na Bhagavad Gitâ, comentada por Paramahansa Yogananda (2009, p. 135-142), que se encontra um forte pensamento sobre o Karma Yoga, quando Krishna diz a Arjuna:

> 3.3. O Senhor do Universo disse: 'Ó tu que não tens pecado, no princípio da criação foram estabelecidos dois meios pelos quais o homem poderia salvar-se. O primeiro, pela sabedoria; o outro, pela reta ação'.
>
> 3.4. Não-ação não é inação. Quem renuncia o esforço (em nome da divina indiferença à atividade) não pode atingir a perfeição.
>
> 3.5. Ninguém pode permanecer inativo sequer por um momento; todos somos compelidos (pela Natureza), de bom ou mal grado, a agir motivados pelos gunas (as três qualidades) da Natureza.
>
> 3.6. Aquele que refreia seus órgãos da ação, mas deixa revolutear na mente pensamentos voltados para objetos dos sentidos, é (com justeza) considerado hipócrita e a si mesmo ilude.

6. Kryia Yoga

Ramo do Yoga dedicado aos rituais. A palavra kriya é de origem sânscrita e significa "esforço", "façanha", "ação". Também significa "limpeza", "purificação". A expressão Kriya Yoga significa "Yoga da Purificação". O principal propagador do Kriya Yoga em todo o mundo foi Paramahansa Yogananda, que fundou em Los Angeles a organização denominada Self Realization Fellowship. Segundo Paramahansa Yogananda (1976), quem lhe entregou os ensinamentos sobre Kriya Yoga foi Mahavatar Babaji, mestre espiritual de Lahiri Mahasaya (Sanyal, 2003). De acordo com Yogananda, ele recebeu sua iniciação em Kriya Yoga na Índia em 1861.

O Kriya Yoga possui como práticas espirituais, dirigir a energia psicoespiritual denominada Kundalini (localizada na base da coluna), ao longo da Nadi Sushumna, elevando-a até o topo da cabeça e trazendo-a de volta para a base da coluna (chakra muladhara (Ver figura abaixo). Depois, sucessivamente, fazendo-a subir e descer continuamente. Segundo os fundadores do Kriya Yoga, sua prática apressa a evolução espiritual dos praticantes. O Kriya Yoga também compreende austeridades (tapah), o estudo próprio ou o estudo das escrituras do hinduísmo (svâdhyâya) e a devoção ao Senhor (îshvara-pranidhâna). Isto pode ser encontrado no Yoga Sutra de Patarijali, Capítulo II (Pada II), sutra 1.

Figura 26 – Os sete chakras e as nadis

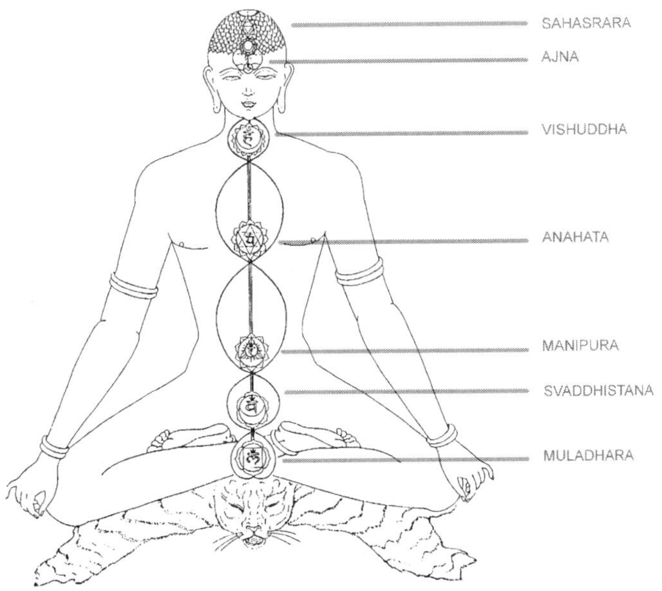

Fonte: Arquivo do autor

7. Mantra Yoga

Ramo do Yoga que se dedica ao cantar de sons isolados ou frases (em sânscrito) considerados sagrados e que ajudam na concentração da mente. É um dos mais antigos ramos do Yoga. Segundo George Feuerstein (2001, p. 147), a palavra mantra é de origem sânscrita, oriunda do radical man, que significa "pensar", e do sufixo tra, que denota instrumentalidade. Assim, a palavra mantra significa "hino", "prece", "encantamento". A expressão Mantra Yoga significa, portanto, "Yoga do Som", "Yoga da Prece" ou "Yoga do Encantamento".

Os mantras são sons produzidos pelos humanos no idioma sânscrito e podem ser entoados com uma sílaba ou com frases. Ainda, podem ser falados ou cantados. Geralmente são empregados como fórmulas mágicas para se conseguir algo ou homenagear os devas (deuses) ou as devis (deusas).

Exemplos de mantras monossilábicos: lam,vam,ram,yam,ham,om. Estes são cantados para ativar os sete principais chakras, que se localizam no corpo sutil, denominado "prânamâyâ kosha". Os chakras, segundo o hinduísmo, são centros de força psíquicos e espirituais que exercem poder sobre determinados órgãos do corpo humano. Além disso, eles também respondem por determinados aspectos psicológicos dos seres humanos.

Mantras pessoais são transmitidos em contextos iniciáticos. Na Índia, o homem, para ingressar no Yoga, passava por uma iniciação espiritual, quando então o seu guru lhe dava um mantra.

Um exemplo de Mantra cantado é o famoso Gâiatry Mantra, o mais respeitado do hinduísmo. Esse Mantra se encontra nos Samhitâs ou hinos do Rig Vêda, como se pode ver na tradução do sânscrito para o inglês feita por Ralpf T. H. Griffth, Livro III, Capítulo 62, verso 10 (Griffth, 2001, p. 198):

> 10. May we attain that excelente
>
> glory of Savitarthe God:
>
> So May He stimulate our prayers.

O verso pode ser escrito, numa transliteração do sânscrito, do seguinte modo:

Om, Bhur, Bhrvar, Svat
Tat Savitur Varenian
Bhargo Devasya Dhimahe
Dhyo lo Nah Pratchodaya.

A tradução seria:

Om, Terra, Ar, Éter
Contemplemos Aquele Esplendor
Celestial Do Deus Savitri, Para Que
Ele Inspire Nossas Visões.

A Yoga Tattva Upanishad, traduzida do francês por este autor (Tinoco, 2005, p. 183-184), define o Mantra Yoga do seguinte modo:

20. O Mantra Yoga consiste em repetir incessantemente
durante doze anos,
as fórmulas (mantras) e as letras matrizes;
21. Adquirem-se, assim, progressivamente
o conhecimento e os poderes
como o de se fazer tão tênue quanto um átomo.
22. Um tal Yoga, portanto,
não interessa senão ao yogin
pouco dotado intelectualmente.

8. Tântra Yoga

Ramo do Yoga baseado na sexualidade humana. Muito rico em técnicas, teve início por volta do século IV d.C. A palavra Tântra significa malha, rede, tecido, tecidura. Também pode significar "aquilo que difunde ou espalha o conhecimento ou o jñana".

O Tântra foi um movimento cultural, filosófico e religioso que surgiu na Índia por volta do século IV d.C. O principal mestre tântrico conhecido foi Abinava Gupta, que viveu no século XI d.C. O Tântra Yoga tem por objetivo, entre outros, resgatar a mulher como a personificação do lado feminino do Absoluto.

Existem quatro linhas ou escola do tantrismo, que são:

1- dakshina-acara: a linha da mão direta. Possui técnicas de elevação espiritual baseadas no despertar dos chakras, no controle dos prânas e das nadis, dentre outras.

2- vama-acara: a linha da mão esquerda. Possui técnicas de elevação espiritual baseadas na ascendo da Kundalini, elevando-a até o chakra sahasrara, situado no topo do crânio. Isto representa a união Shiva-Shakti.

3- kaula-acara: linha que é uma síntese das escolas tântricas dakshina-acara e vama-acara. É considerada a linha que possui as mais elevadas formas de práticas espirituais;

4- siddhanta-acara: linha que é considerada a mais alta forma de vama-acara, enfatizando uma espécie de "adoração interna".

A literatura tântrica é vastíssima, talvez até maior que a literatura clássica do hinduísmo. Os textos tântricos são de três categorias:

Shivaístas, conhecidos por "coletânes"; Vishnuístas, denominados ágamas ou "tradições"; e Tântras propriamente ditos.

Para que se tenha uma noção do alto valor dado à mulher pelo Tântra, vamos transcrever, a seguir, um trecho de um importante texto tântrico:

> A mulher é a criadora do universo.
>
> O universo é a sua forma;
>
> A mulher é o fundamento do mundo,
>
> ela é a verdadeira forma do corpo.
>
> Qualquer forma que ela assuma,
>
> é a forma superior.
>
> Na mulher está a forma de todas as coisas,

e de tudo que se move sobre o mundo.
Não há joia tão rara quanto uma mulher,
nem há condição superior àquela de uma mulher.
Não há, não houve nem haverá
nenhum destino igual àquele de uma mulher;
não há reino, nem riqueza,
que se compare a uma mulher;
não há, não houve nem haverá
nenhum lugar sagrado que se compare a uma mulher.
Não há prece igual a uma mulher.
Não há, não houve nem haverá
nenhum Yoga comparável à uma mulher,
nenhuma fórmula mística nem ascetismo
que se compare a uma mulher.
Não há, não houve nem haverá
riqueza mais valiosa que uma mulher.
(Shaktisangama Tantra)

9. Nada Yoga

Linha do Yoga que trabalha com os sons místicos escutados, principalmente no ouvido esquerdo e no meio da cabeça.

A palavra nada, portanto, significa "Som Transcendental" ou "Som Espiritual". A expressão Nada Yoga, neste caso significa "Yoga do Som Transcendental" ou "Yoga do Som Espiritual".

Existem quatro versos sobre os sons nada em um texto primário do Hatha Yoga, denominado Gheranda Samhitâ, traduzido pelo autor deste livro (Tinoco, 2007, p. 89) que são os seguintes:

> V.79-80. Então o yogin escutará vários sons internos em seu ouvido direito. O primeiro será como uma flauta. Depois,

> como trovão, címbalos, abelhas, sino, gongo, trompete, tambor simples, tambor duplo, nesta ordem.
>
> V-81-82. Assim, ele (o yogin) consegue perceber diversos sons durante a sua prática diária.
>
> Por trás de todos eles, se pode perceber o som anahat, oriundo do coração. Deste som se origina uma ressonância na qual está uma luz. Nela a mente deve submergir. Estando a mente concentrada, atinge primeiro o domínio de Vishnu (paramapada). Pelo domínio deste bhahmari, se alcança sucesso no samadhi.

A palavra brahmari se refere a um tipo de prânâyâmama (técnica respiratória). O texto citado descreve o aparecimento dos sons anahat durante a prática deste prânâyâma. Sons anahat são tipos de sons nada.

Outros versos que falam sobre os sons místicos podem ser encontrados na Amritanada Upanishad traduzida do francês por Carlos Alberto Tinoco (Tinoco, 2005, p. 89):

> 24.Ele é o som por excelência,
> o Imperecível que se situa
> para além de todas as categorias:
> vogais e consoantes, surdas ou sonoras,
> palatais ou guturais,
> labiais ou nasais,
> semiconsoantes ou aspiradas.
> 25.E é por ele
> que o yoguin distingue o caminho
> pelo qual ele conduz a respiração.
> E preciso, portanto, que ele pratique sem cessar
> para abrir o caminho para a respiração.

No verso 24, a expressão "Ele é o som por excelência" significa Akshara, que designa a sílaba Om, que é a representação sonora do Absoluto Brahmân. A expressão "que o yogin distingue o caminho" significa som e se refere ao som místico nada produzido pelo prâna que ascende pela nadi sushumna, ou canal central.

10. Kundalini Yoga

Kundalini, como já foi dito, é a energia psicoespiritual localizada no chacra muladhara. Kundalini Yoga, neste caso, é o ramo do Yoga que objetiva erguer a Kundalini, elevando-a até o chacra sahasrara. O Kundalini Yoga trabalha com todas as técnicas do Hatha Yoga, aperfeiçoando aquelas que possam erguer a Kundalini. São técnicas respiratórias intensas para introduzir a Kundalinî na nadi sushumna, meditações dinâmicas, práticas prolongadas de bandhas e mudrás feitos com o corpo e outras.

Os principais divulgadores do Kundalini Yoga são Guru Ram Das Sahib, Guru Angad Sahib, Guru Har Krishan Sahib, Yogi Bhajan, Shakta Kaur Khalsa e outros.

11. Purna Yoga

A expressão Purna Yoga é de origem sânscrita que significa, de acordo com os ensinamentos de Sri Aurogindo Gosh, "Yoga Integral" ou "Yoga Total". Sri Aurobindo Ghosh criou o Purna Yoga nos anos 1900. Refere-se ao processo de união de todas as partes de uma pessoa ou praticante com o Divino ou com o Absoluto Brahmâm e a transmutação das suas partes discordantes ou desarmoniosas em um harmonioso estado de Elevada Consciência. Sri Aurobindo também chamava a via do Yoga por ele criada do "Yoga Supramental".

Purna Yoga não deve ser confundido com a marca comercial de mesmo nome, criada por Swami Satchitanada.

Sri Aurobindo iniciou definindo Puma Yoga como: "Um caminho do buscador integral do Divino, pelo qual, todos aqueles que nele estão caminham para o fim da ignorância e suas formações não Divinas, em uma Verdade além da mente, uma Verdade não apenas de um elevado status espiritual mas de um dinâmica auto manifestação no universo" (Purna Yoga, s/d, tradução minha).

O Purna Yoga de Sri Aurobindo pode ser descrito como uma síntese de harmonização dos caminhos do Karma Yoga, do Jñana Yoga e do Bhakti Yoga como descritos na Bhagavad Gitâ. Também pode ser considerado como uma síntese entre o Tântra e o Vedanta.

O "Yoga Supramental" propõe uma grande transformação na vida da Terra. Sn' Aurobindo desejava ver o "paraíso neste nosso mundo". Sri Aurobindo escreveu:

> A diferença fundamental está na doutrina da existência de uma Verdade Divina dinâmica que pode descer para este mundo de ignorância, criar nele uma nova consciência da Verdade e dinamizar a vida. Os antigos Yogas vão direto da mente para a Divindade Absoluta e vêem toda a existência dinâmica como Ignorância, Ilusão ou Li/a;quando se entra na Verdade Divina estática e imutável dizem eles, escapa-se da existência cósmica Meu objetivo é o de realizar e também manifestar a Divindade no mundo, trazendo para cá para baixo, para este fim, um Poder que ainda não se manifestou como a Supermente (Feuerstein, 2001, p. 97).

12. Swâstya Yôga

Ramo do Yoga muito novo, criado no Brasil no início da década de 1960 por DeRose. Dedica-se ao ensino de ásanas, mudrás, puja (ritual de entrega a deidades), mantras (orações faladas ou cantadas), prânâyâmas, kryias (purificações), Yoganidrá (técnica de relaxamento) e samyma (concentração, meditação e samadhi). Luis Sergio Alvares DeRose, (brasileiro), mais conhecido por Mestre De Rose, foi o fundador do Swâstya Yoga. Ele é o autor da ideia de que a palavra certa não é Ioga nem Yoga, e sim Yôga, com acento circunflexo. Além disso, a palavra é masculina. Não se deve dizer a Ioga, a Yoga ou ainda a Yôga. De Rose defende a ideia de que a chamada Civilização Harapeana que habitou o vale do Rio Indu, no atual Paquistão, possuía uma forma de Yoga

Primitivo: "De Rose defende categoricamente o Yôga Antigo, pré--clássico, pré-vêdico, Dakshinatára-atántrika-Nirishwara-Sánkhya Yôga, o qual sistematizou e denominou Swástya Yôga" (De Rose, 2007, p. 37).

Há uma figura esculpida em um selo de esteatita para marcar cargas marítimas, onde se pode ver a figura de um proto-Shiva, que se encontra em Delhi e mede cerca de 3,5 x 3,5 cm, elaborado pelos habitantes da antiga civilização do vale do rio Indo e que seria uma evidência de que existiu um Yoga pré-vêdico.

Figura 27 – Proto-Shiva

Segundo De Rose, o Swâstya Yôga é o tronco do qual saíram os diversos ramos ou vias do Yoga.

CAPÍTULO 5:

O YOGA E O ESPIRITISMO: DIFERENÇAS E SEMELHANÇAS

5.1: O Yoga, o Espiritismo e os poderes psíquicos

5.1.1. Os poderes psíquicos no Yoga

Os poderes paranormais são chamados em sânscrito por Siddhi. Eles podem ser adquiridos com a prática do Yoga. Esses poderes são os seguintes (Tinoco, 2009):

1. Animân – poder de tornar-se diminuto;
2. Mahimân – poder de expandir-se até a infinitude;
3. Loghimân – poder de perder peso;
4. Garimân – poder de aumentar o próprio peso;
5. Prâkâmya – poder de controlar os sentidos;
6. Ishittva – poder de autoridade;
7. Kâmâvayâ – poder de controle total dos sentidos;
8. Váshittva – poder de exercer a capacidade hipnótica;
9. Vâphya – poder da profecia;
10. Kâmachâri – poder de transportar a si mesmo a todos os lugares;
11. Durashruti – poder de clarividência;
12. Sukshmadrithi – poder de clariaudiência;
13. Perakâyapravesana – poder de entrar em outros corpos;
14. Poder de transmutar metais em ouro ao friccioná-los com excremento;

15. Poder de tornar-se invisível;
16. Poder de mover-se em pleno ar;
17. Poder de saltar como uma rã;
18. Poder de flutuar no ar;
19. Animan – poder de se tornar tão pequeno quanto possível;
20. Mahimân – poder de alcançar qualquer objeto em qualquer lugar;
21. Loghimân – poder de fazer-se tão ligeiro quanto desejar;
22. Garimân – poder de aumentar o próprio peso;
23. Prâkâmya – poder de possuir uma vontade irresistível;
24. Ishîtva – poder sobre o corpo;
25. Vashitva – poder de controle sobre os elementos;
26. Kâmâvasâyitva – poder de realizar desejos (Tinoco, 2009).

5.1.2 Principais poderes psíquicos no Espiritismo:

1. Aumento ou diminuição do peso dos objetos provocado pelos espíritos;
2. Fenômeno de transportar objetos pelos espíritos;
3. Aparição de espíritos;
4. Bicorporeidade – poder de uma pessoa em aparecer em alguns locais simultaneamente;
5. Poder de cura pela imposição das mãos (passes magnéticos);
6. Transfiguração;
7. Modificação das propriedades da matéria;
8. Poder dos espíritos de se comunicarem com os seres vivos através de ruídos;
9. Poder dos espíritos de se comunicarem através de escrita direta;

10. Poder dos espíritos de se comunicarem com os seres vivos através de médiuns escreventes;
11. Poder dos espíritos de se fazerem visíveis (vidência);
12. Pressentimentos e premonições;
13. Poder dos espíritos de se comunicarem com os seres vivos através de incorporações em um médium;
14. Materialização de espíritos, fazendo uso de ectoplasma, substância liberada pelo corpo de um médium (Kardec, 1995).

5.1.3 Os principais poderes psíquicos na parapsicologia:

A Parapsicologia ou Psicologia Anomalística estuda e descreve os seguintes tipos de fenômenos, entre outros:

1. Telepatia – poder de uma pessoa de se comunicar, a distância, com outra pessoa, sem o uso de recursos materiais;
2. Premonição – poder de uma pessoa ter acesso a fatos futuros, sem o uso de recursos físicos;
3. Clarividência – poder de uma pessoa saber descrever com detalhes fatos distantes, sem o uso de recursos materiais;
4. Retrocognição – poder de uma pessoa ter acesso a fatos do passado, sem o uso de recursos físicos;
5. Clariaudiência – poder de uma pessoa ter acesso a sons distantes, sem o uso de recursos físicos;
6. Psicocinesia, espontânea ou provocada:
    - 6.1. Psicocinesia provocada é o poder de uma pessoa exercer ação sobre o mundo material, sem o uso de recursos físicos para tanto;
    - 6.2. Psicocinesia espontânea é o poder de uma pessoa ou dos espíritos de mover a matéria sem o uso de meios físicos. É o caso dos Poltergeits e das "casas mal-assombradas".

7. Casos que sugerem reencarnação;
8. Casos de xenoglossia (falar línguas desconhecidas pelos sensitivos).

Não há, até agora, explicações científicas sobre tais fatos.

5.2 Espiritismo e Yoga – diferenças e semelhanças

5.2.1 O Espiritismo

a) O Espiritismo aceita que o ser humano é constituído por três partes:

- Corpo físico;
- Perispírito, o mesmo que corpo sutil ou corpo astral. Há outras denominações de acordo com as diversas tradições religiosas;
- Espírito: parte espiritual do ser humano, uma "partícula de Deus", sendo diferentes entre si.

b) Reencarnação: os espíritos, após uma ou muitas vidas em corpos físicos, voltam a reencarnar sucessivamente até alcançarem a perfeição, quando então não retornam à vida física;

c) Os espíritos podem se comunicar com os seres vivos, de modo direto ou através dos médiuns;

d) Os espíritos podem evoluir quando na vida espiritual;

e) A expressão máxima para que ocorra a evolução espiritual é a prática da caridade;

f) Há vários mundos habitados;

g) Como devemos tratar os maus. Sobre isto, pode-se ler no livro O Evangelho Segundo o Espiritismo (Kardec, s/d):

> Aprendestes que foi dito: Amareis o vosso próximo e odiareis os vossos inimigos. Eu porém vos digo: Amai os vossos inimigos; fazei o bem aos que vos odeiam e orai pelos que vos perseguem e caluniam, a fim de serdes filho do vosso Pai que está nos céus e que faz se levante o Sol para os bons e para os maus e que chova sobre os justos e os injustos (Mateus, V; 20-21 apud Kardec, s/d, p. 186).

Essas são as principais bases do Espiritismo Kardecista.

5.2.2 O Yoga

O Yoga aceita que o ser humano é formado pelas seguintes partes principais:

a) Os três shariras ou corpos, uma referência ao fato de que são veículos transitórios. Estes são os seguintes:

1. Sthula Sharira ou corpo grosseiro, físico, material;

2. Sukshma Sharira ou corpo sutil;

3. Karana Sharira, o corpo causal. Nele reside a alma individual, o Purusha.

b) O Purusha é um conceito complexo, cujo sentido evoluiu durante o período do Vêdas e das Upanishads. Purusha é a "alma individual", sendo universal e imutável. Seria o equivalente ao Espírito Puro, no Espiritismo;

O Yoga, fazendo parte do hinduísmo aceita a reencarnação, como o Espiritismo.

É praticamente inexistente ou há pouca literatura do Yoga e do hinduísmo com referência à comunicação de espíritos com os seres humanos. No hinduísmo, há uma espécie de "Livro dos Espíritos", o Agruchada Parikshai. Nele, pode-se ler o seguinte:

> Os butans – Espíritos Malévolos- tremem diante daquele que tem a cabeça raspada (yogue), que está revestido do tríplice cordão (japa mala) e da veste amarela e que leva o bastão de sete nós (Jacolliot, s/d).

Segundo o Yoga e o hinduísmo, os espíritos (Purushas) não podem evoluir quando se encontram na vida espiritual. É na vida material que ocorre a evolução, quando estes se encontram encarnados. Aliás, quem evolui é o corpo sutil, o perispírito. O Purusha é pronto e acabado, não evolui porque já é evoluído.

A expressão máxima para que ocorra a evolução do corpo sutil não é a caridade! O Yoga diz que devemos ser indiferentes com os maus. Para o Yoga, a expressão máxima para que ocorra a evolução é a autodescoberta. Isto ocorre quando o ego percebe o Purusha, o espírito, pronto, acabado e luminoso.

Sobre ser indiferente para com os maus, diz o Yoga Sutra: "I.33. A mente (Chitta) se estabiliza pela disposição a ser amigo dos alegres, piedoso para com os sofredores, alegre com os virtuosos (Punya) e indiferente em relação aos maus" (Martins, 2007, p. 85).

Existe um Ser Supremo que é Ishvara.

Alguns textos do Yoga falam, embora poucos, sobre os mundos habitados.

5.3 Como o Yoga percebe a comunicação com os mortos e o desenvolvimento de mediunidade e de poderes psíquicos

a) Sobre poderes psíquicos ou Siddhis, o Yoga Sutra nos diz: "III. 38. Esses poderes são prejudiciais à União (Samadhi) em uma pessoa difusa" (Martins, 2007, p. 85, p. 100).

Os Siddhi podem aparecer durante a prática do Yoga. Não se deve procurar desenvolvê-los pois isto é prejudicial à pessoa que busca o êxtase espiritual, o Samadhi. A condição normal do ser humano é ter uma mente confusa, difusa, inquieta. Nessas condições, não se deve procurar desenvolver os Siddhis. Somente após o praticante alcançar o êxtase, o Samadhi, os poderes aparecem.

b) Sobre as comunicações com os mortos, diz o Yoga Sutra: "III. 52. Se surgir um convite de seres espirituais, evite o orgulho e o apego, pois isso é uma conexão com o indesejável" (Martins, 2007, p. 102).

Há muitos médiuns que se julgam pessoas especiais pelo fato de poderem se comunicar com os mortos. Eles se orgulham e se apegam a isso, por se julgarem pessoas diferentes e acima dos mortais.

De acordo com o Yoga Sutra, a comunicação com os mortos é uma conexão com o indesejável. Portanto, o Yoga é contra o desenvolvimento dos poderes paranormais e contra, também, a comunicação com os mortos.

Portanto, o Yoga e o Espiritismo são diferentes caminhos espirituais!

REFERÊNCIAS

ALVES, Elifas. Chico – as origens. São Paulo: Editora Aliança, 2015.

ANDRADE, Harnani Guimarães. Parapsicologia experimental. São Paulo: Livraria Espírita Boa Nova, 1976.

ANDRADE, Hermani Guimarães. Poltergeist: algumas de suas ocorrências no Brasil. São Paulo: Editora Pensamento.

ARAMBULA et al. The Physiological Correlate of kundalini Yoga meditation: a study of a Yoga Master. Applied Psychophysiology and Biofeedback, v. 26, n. 2, p. 147-53, 2001.

ATHARVA Vêda. Delhi: Motilal Banarsidas, 1979. Sacred Books of the East.

BARRET, Sir William. Death – Bed Visions – The Psychical Experiences of the Dying. London: Rider & Co., 1926.

BELOFF, John. Parapsicologia hoje! Rio de Janeiro: Editora Artenova, 1976.

BENDER, Hans. La parapsicologia e sus problemas. Barcelona: Editorial Herder, 1976.

BOULET, Marc. Na Pele de um intocável. Rio de Janeiro: Editora Bertrand, 1996.

BRENNAN, J. H. Vozes do mundo espiritual. São Paulo: Editora Pensamento, 2016.

BUDGE, E. A. Wallis. O Livro Egípcio dos Mortos. São Paulo: Editora Pensamento, 1986.

CALSONE, Adriano. Madame Kardec. Atibaia: Vivaluz Editora Espírita Ltda., 2016.

CANDI, Ana. Divaldo Franco – a trajetória de um dos maiores médiuns de todos os tempos. São Paulo: Bella Editora, s/d.

CARNEIRO, Victor Ribas. ABC do Espiritismo. Curitiba: Federação Espírita do Paraná, 1996.

CARVALHO, José Jorge de. Os melhores poemas de amor da sabedoria religiosa de todos os tempos. Rio de Janeiro: Ediouro, 2001.

CHAÍTANYA, Srl Dhira. O Luto e o ritual final de morte na tradição hindu. Rio de Janeiro: Vydia Mandir Editorial, 2006.

CHESI, Gert. Faith healers in the Philippines. Perlinger-Austria: [s. l.], 1981.

CONDEMI, Silvana; SAVATIER, François. Neandertal: nosso irmão – uma breve história do homem. São Paulo: Editora Vestígio, 2018.

COUR, Paul Le. O Evangelho Esotérico de São João. São Paulo: Editora Pesamento, 1991.

DANUCALOV, Marcelo Árias Dias; SIMÕES, Roberto Serafim. Neurofisiologia de meditação. São Paulo: Phorte Editora, 2006.

DE ALMEIDA, João Ferreira. A Bíblia Sagrada – Antigo e Novo Testamento. Rio de Janeiro: Sociedade Bíblica do Brasil, 1960.

DE MELO, Santa Maria. Memória histórica da primeira diretoria da Federação Espírita Amazonense. [S. l.]: FEA, s/d.

DE ROSE. Faça Yoga. São Paulo: Selo Editorial Egrégora, 2007.

DENIS, Léon. Cristianismo e Espiritismo. Rio de Janeiro: Federação Espírita Brasileira, 2001.

DONIGER, Wendy; SMITH, Brian K. The laws of Manu. London: Penguin Books, s/d.

DOYLE, Arthur Conan. História do Espiritismo. São Paulo: Editora Pensamento, 1960.

EHRMAN, Bart. Evangelhos Perdidos. Rio de Janeiro: Editora Record, 2008.

EVANS-WENTZ, W. Y. Livro Tibetano dos Mortos. São Paulo: Editora Pensamento, 1985.

FARIA, Nogueira de. O trabalho dos mortos (O livro do João). 6. ed. Rio de Janeiro: FEB, 2002.

FARIA, Osmard Andrade. Panorama atual das funções Psi. Rio de Janeiro: Livraria Atheneu, 1981.

FEUERSTEIN, George. A tradição do Yoga. São Paulo: Editora Pensamento, 2001.

FULLER, John G. Arigó: o cirurgião da faca enferrujada. São Paulo: Nova Época Editorial Ltda., 1978.

GOES, Eurico de. Prodígios da Biopsychica obtidos com o médium Mirabelli. São Paulo: Typographia Cupolo, 1937.

GRAHAM, Coleman. O Livro tibetano dos Mortos. São Paulo: Martins Fontes, 2010.

GRIFFITH, Ralph T. H. The Hymns of the Rigveda. Delhi: Motilal Banarsidass Publishers, 2001.

HARALDSSON, Dr. Erlendur; OSIS, Dr. Karlis. O que eles viram... no limiar da morte. Mem Martins (Portugal): Publicações Europa--América Ltda, 2000.

HIRSHBERG, Coryle; BARASCH, Mare Ian. Curas Estraordinárias. Rio de Janeiro: Editora Nova Era, 1997.

IBASSAHY, Carlos. A farsa escura da mente. São Paulo: Edicel Ltda, 1969.

INFANTE, J. R. et al. Catecholamine levels in practitioners of the transcendental meditation technique. Physiol Behav, [s. l.], v. 72, n. 1-2, p. 141-146, 2001.

JACOLLIOT, Louis. O Espiritismo na Índia. São Paulo: Editora Espírita “Edicel” Ltda, s/d.

JUNG, C. G. Prefácio. In: EVANS-WEHTZ, T. W. O Livro Tibetano dos Mortos. São Paulo: Editora Pensamento, 1985.

KARDEC, Allan. A Gênese. Rio de Janeiro: Federação Espírita Brasileira, 1973.

KARDEC, Allan. O céu e o inferno. Rio de Janeiro: Federação Espírita Brasileira, 1974.

KARDEC, Allan. O Evangelho Segundo o Espiritismo. Rio de Janeiro: Federação Espírita Brasileira, s/d.

KARDEC, Allan. O Evangelho Segundo o Espiritismo. Araras: Instituto de Difusão Espírita – IDE, 2021.

KARDEC, Allan. O Livro dos Espíritos. Rio de Janeiro: Federação Espírita Brasileira, 1972.

KARDEC, Allan. O Livro dos Médiuns. Araras: Instituto da Difusão Espírita, 1987.

KARDEC, Allan. O Livro dos Médiuns. Araras: Instituto de Difusão Espírita, 1995.

KARDEC, Allan. O que é o espiritismo. Rio de Janeiro: Federação Espírita Brasileira, 1973.

KARDEC, Allan. Obras Póstumas. Rio de Janeiro: Federação Espírita Brasileira, 1973.

KUPFER, Pedro. Kathopanishad. Disponível em: www.yoga.pro.br. Acesso em: 25 jan. 2021.

KUPFER, Pedro. Visões do yoga. Disponível em: www.yoga.pro.br. Acesso em: 25 jan. 2021.

LEARY, Timothy; MEIZMER, Ralph; ALPERT, Richad. Experiência Psicodélica. São Paulo: Editora Aleph, 2022.

LESSA, Adelaide Petters. Paragnose do futuro – a predição parapsicológica documentada. São Paulo: Editora Ibrasa, s/d.

LIMA, Lise Mary Alves. Evangelho de Maria (Mírian de Magdala). Petrópolis: Editora Vozes, 2004.

LONGAKER, Christine. A Esperança diante da morte. Rio de Janeiro: Ediotra Rocco Ltda.

MAES, Hercílio (Ramatis). A vida no planeta Marte. Rio de Janeiro: Livraria Freitas bastos Editora S.A., 1996.

MAGALHÃES, Samuel Nunes. Anna Prado, a mulher que falava com os mortos. Rio de Janeiro: FEB, 2012.

MAIOR, Marcel Santo. Kardec. A biografia. Rio de Janeiro: Editora Record, 2016.

MARTIN, Consuelo. Bhagavad Gitâ – con los comentarios advaita de Sankara. Madrid: Editorial Trotta, s/d.

MARTÍN, Santiago. O Evangelho Secreto da Virgem Maria. São Paulo: Mercuryo/Paulus, 2012.

MARTINS, Roberto de Andrade. Significados e bases do Râja-Yoga. Rio de Janeiro: Editora Corifeu, 2007.

MEEK, George W. As curas paranormais. São Paulo: Editora Pensamento, 1985.

MENEZES, Bezerra de (Espírito). A tragédia de Santa Maria. 14. ed. 1. imp. Brasília, DF: FEB, 2014.

MOODY JR., Dr. Raymond A. Vida depois da vida. São Paulo: Editora Edibolso S. A., 1982.

MOREIL, André. Vida e obra de Allan Kardec. São Paulo: Edicel, s/d.

NEWBERG, D'Aquile; RAUSE, Why Good won't go away. New York: The Ballantine Publishing Goup, 2002.

OURSLER, Will. O poder curativo da fé. Rio de Janeiro: Editora Nova Era, 1987.

PAGELS, Elaine. Os Evangelhos Gnósticos. São Paulo: Editora Cultrix, 1992.

PALHANO JÚNIOR, Lamartine. Mirabelli, um médium extraordinário. Rio de Janeiro: Edições CELD, 1994.

PARNIA, Dr. Sam. O que acontece quando morremos – um estudo sobre a vida após a morte. São Paulo: Larousse do Brasil Participações Ltda.

PAZ, Octavio. Sóror Juana Inés de la Cruz. São Paulo: Editora Mandarim, 1998;

PEREIRA, Yvonne do Amaral. À luz do Consolador; Rio deJaneiro: Ed. FEB., s/d.

PEREIRA, Yvonne do Amaral. Devassando o Invisível. Rio de Janeiro: Ed. FEB, s/d.

PEREIRA, Yvonne do Amaral. Recordações da mediunidade. Rio de Janeiro: Ed. FEB, s/d.

PEREIRA, Yvonne do Amaral. Um caso de reencarnação – eu e Roberto de Canallejas. Rio de Janeiro: Editora Societo Lorenz, s/d.

PEREIRA, Yvonne do Amaral. Uma heroína silenciosa. São Paulo: Ed. Lachâtre, s/d.

PIÑERO, Antonio. O Outro Jesus: Segundo os Evangelhos Apócrifos. São Paulo: Mercuryo/Paulus, 2002.

PIRES, Herculano. Arigó: vida, mediunidade e martírio. Capivari: EMEI, 1998.

PLAYFAIR, Grey Lyon. A força desconhecida. Rio de Janeiro: Editora Record, 1975.

PLAYFAIR, Guy Lyon. A força desconhecida. Rio de Janeiro: Distribuidora Record de Serviços de Imprensa S.A, 1976.

PLAYFAIR, Guy Lyon. Chico Xavier, Medium of the Century. Brasília, DF: Internacional Spiritist Council, 2010.

PLAYFAIR, Guy Lyon. The flying cow. Plymouth, Great Britain, 1975.

PLAYFAIR, Guy Lyon. This house is haunted. The investigation into the Enfield Poltergeist. London: Sutton Publishing, 2007.

PURNA YOGA. Disponível em: www.purnayoga.com. Acesso em: 20 abr. 2024.

QUEVEDO, Oscar Gonzales, Pe. A face escura da mente. São Paulo: Edições Loyola, 1965.

QUEVEDO, Oscar Gonzales, Pe. As forças físicas da mente. São Paulo: Edições Loyola, 1974. 2 v.

RAMOS, Lincoln. A História do Nascimento de Maria. Petrópolis: Editora Vozes, 1991.

RAMOS, Lincoln. A Paixão de Jesus nos Escritos Secretos. Petrópolis: Editora Vozes, 1991.

RAMOS, Lincoln. São José e o Menino Jesus. Petrópolis: Editora Vozes, 1991.

RIMPOCHE, Sogyal. O Livro Tibetano do viver e do morrer. São Paulo: Editora Palas Athena.

RINPOCHE, Tenzin Wangyal. Os Yogas tibetanos do sonho e do sono. São Paulo: Devir Livraria, 2010.

RIZZINE, Jorge. Escritores e fantasmas. São Paulo: Correio Fraterno, 2017.

RIZZINI, Jorge. Materializações de Uberaba. São Paulo: Livro Fácil – Nova Luz Editora e Distribuidora Ltda., 1997.

ROMERO, Rosalinda. Samkhyakarikâ de Ishvara Krishna. Buenos Aires: Instituto de Yoga de Lonavala, 2003.

ROLL, William G. Poltergeist. New York: The New American Library, 1974.

SAMDUP, Loma Kazi Dawa. O Livro Tibetano dos Mortos. São Paulo: Hemus Livraria Editora Lmitada, 1980.

SANTOS, Isidoro Duarte. O espiritismo no Brasil. Rio de Janeiro: J. Ozon + Editor, 1960.

SANYAL, Bupendra Nath. O mestre de Kriya Yoga – vida de yogiraj lahiri mahasaya. Rio de Janeiro: Editora Lotus do Saber, 2003.

SCHRENEK-NOTZING, Albert Freihen. Problemas básicos de la parapsicologia. Buenos Aires: Ediciones Troquel, 1966.

SOUTO MAIOR, Marcel. As vidas de Chico Xavier. São Paulo: Editora Planeta do Brasil Ltda., 2003.

SOUTO MAIOR, Marcel. Por trás do véu de Isis. São Paulo: Editora Planeta do Brasil Ltda., 2004.

SWEDENBORG, Emmanuel. A Doutrina da Vida. Rio de Janeiro: Livraria Freitas Bastos S.A., 1969.

SWEDENBORG, Emmanuel. Céu e inferno. Rio de Janeiro: Livraria Freitas Bastos S.A., 1965.

SWEDENBORG, Emmanuel. Divina Providência. Rio de Janeiro: Livraria Freitas Bastos S.A., 1969.

SWEDENBORG, Emmanuel. O Amor Conjugal. Rio de Janeiro: Livraria Freitas Bastos S.A., 1963.

SWEDENBORG, Emmanuel. Sabedoria Angélica. Rio de Janeiro: Livraria Freitas Bastos S.A., 1965.

TAIMNI, I. K. A ciência do yoga. Brasília, DF: Editora Teosófica, 1996.

THE CULTURAL Heritage of India. [S. l.]: The Ramakrishna Mission Institute of Culture, s/d.

TIMPONI, Miguel. A psicografia ante os tribunais. Rio de Janeiro: Federação Espírita Brasileira, 2010.

TINOCO, Carlos Alberto. As Upanishads. São Paulo: Editora Ibrasa, 1996.

TINOCO, Carlos Alberto. Gheranda Samhitá. Limeira: Editora do Conhecimento, 2007.

TINOCO, Carlos Alberto. Hinduismo. Curitiba: Editora Intersaberes, 2019.

TINOCO, Carlos Alberto. História das Filosofias da Índia. Curitiba: Editora Appris, 2017.

TINOCO, Carlos Alberto. Manual para projetos de pesquisa em Parapsicologia. Limeira: Editora do Conhecimento, 2017.

TINOCO, Carlos Alberto. Poltergeist: Fenômenos Paranormais de Psicocinesia Espontânea. São Paulo: Editora Ibrasa, 1989.

TINOCO, Carlos Alberto. Poltergeist da Morada do Sul (monografia). Curitiba: Edição do Autor, 1996a.

TINOCO, Carlos Alberto. Poltergeist do Estrada Nova (monografia). Curitiba, 1996b.

TINOCO, Carlos Alberto. Shiva Samhita. São Paulo: Madras Editora, 2009.

TINOCO, Carlos Alberto; GUIMARÃES, Carlos Antônio Fragoso. Poltergeist: o Dilema da Parapsicologia. Limeira: Editora do Conhecimento, 2013.

TRICCA, Maria Helena de Oliveira. Apócrifos: Os Proscritos da Bíblia. São Paulo: Editora Mercuryo, 1989.

TROBRIDGE, George. Swedenborg, um servo do Senhor Jesus Cristo. Rio de Janeiro: Sociedade Religiosa "A Nova Jerusalém", 1998.

VARELA, Francisco (ed.). Dormir, soñar, morir. Caracas/Montevideu, Santiago: Dolmen Ediciones.

VERNOT, Benjamin; AKEY, Joshua M. Resurrecting Surviving Neandertal Lineages from Modern Human Genomes. Science, v. 343, n. 6174, p. 1017-1021, 22 abr. 2014.

VIEIRA, Waldo. 700 Experimentos da Conscienciologia. Rio de Janeiro: Instituto Internacional de Projeciologia,1994.

WANTUIL, Zeus. As mesas girantes e o espiritismo. Rio de Janeiro: Federação Espírita Brasileira, 1972.

WEISBERG, Barbara. Falando com os mortos. As irmãs americanas e o surgimento do Espiritismo. Rio de Janeiro: Editora Nova Fronteira S.A., 2011.

XAVIER, Francisco Cândido. Observação oportuna. Instruções psicofônicas. Por diversos Espíritos. 3. ed. Rio de Janeiro: FEB, s/d.

YOGANANDA, Paramahansa. A essência do Bhagavad Gita. São Paulo: Editora Pensamento, 2009.

YOGANANDA, Paramahansa. Autobiografia de um yogue contemporâneo. São Paulo: Summus Editorial, 1976.

YOUNG, J. D. E.; TAYOR, E. Meditation as a voluntary hypnometabolic state of biological estivation. New Psysiology Science, n. 13, p. 95-105, 1984.

ZIMMER, Heirich. Filosofia da Índia. São Paulo: Editora Palas Athena, 2003.

ZOHAR, Danah. Através da barreira do tempo. São Paulo: Editora Pensamento, 1990.

ZÖLLNER, Johann Karl Friederich. Provas científicas da sobrevivência. São Paulo: Editora Edicel Ltda, 1966.